AF500014

LE

PROTECTIONNISME

OUVRAGES DU MÊME AUTEUR :

Les traités internationaux et les lois constitutionnelles. — 1 vol. in-8, 1882, Rouillé (*épuisé*).

L'impôt sur le revenu. — 1 vol. in-8, 1884, Guillaumin.

La crise économique. — Brochure in-8, 1885, Guillaumin.

[illegible]. CORBEIL. Typ. et stér. CRÉTÉ.

LE
PROTECTIONNISME

PAR

WILLIAM GRAHAM SUMNER

PROFESSEUR D'ÉCONOMIE POLITIQUE ET DE SCIENCE SOCIALE
AU YALE COLLEGE

Traduit de l'anglais

PAR

JOSEPH CHAILLEY

L' « Isme » qui nous enseigne
que gaspillage crée richesse.

Prix : 2 fr.

PARIS
GUILLAUMIN ET Cie, ÉDITEURS
De la Collection des principaux Économistes, du Journal des Économistes,
du Dictionnaire de l'Économie politique,
du Dictionnaire universel du Commerce et de la Navigation, etc.
RUE RICHELIEU, 14

1886

PRÉFACE DE L'AUTEUR

J'ai écrit ce livre pour prendre ma part d'une agitation populaire. Je me suis peu soucié de garder ou de dépouiller ma dignité de savant ou de professeur. Je me suis efforcé de m'acquitter de ma tâche aussi vite et aussi efficacement que je le pouvais avec les lecteurs auxquels je m'adresse ; et ces lecteurs, ce sont les amateurs intelligents de tous les degrés de culture générale, qui désirent qu'on leur explique ce qu'est le protectionnisme et comment il fonctionne. A leur intention, j'ai mené la controverse avec toute la vigueur possible, et j'ai employé le langage courant, comme je l'ai toujours fait dans tout ce que j'ai écrit sur ce sujet.

Il me faut donc renoncer à l'espoir d'avoir été plus agréable qu'autrefois aux partisans du protectionnisme. Le protectionnisme me semble ne mériter que le dédain et le mépris, la satire et le ridicule. C'est un spécimen si éhonté de charlatanisme économique, il singe avec tant d'affectation la science de la philosophie, qu'il faudrait le traiter comme on fait les autres charlatanismes. Toutefois, par déférence pour l'autorité qu'il a dans les traditions, et l'insuffisance des connaissances de beaucoup de gens, j'en ai entrepris une exposition patiente et sérieuse.

La satire et la dérision, je les réserve pour les protectionnistes de doctrine et les protectionnistes de sentiment; pour les protectionnistes de la race des philistins et ceux qui possèdent la clef de toute science; pour les protectionnistes dont la bonne foi va jusqu'à la niaiserie, et ceux qui, sachant que leur dogme est une farce, s'irritent de l'entendre exposer; pour les protectionnistes de naissance et les protectionnistes d'adoption ; pour les protectionnistes de commande et les protectionnistes de conviction ; pour les protectionnistes par discipline de parti et les protectionnistes par la grâce de leur journal ; pour les protectionnistes à l'invincible ignorance, et les protectionnistes qui ont fait des vœux et reçu les ordres ; pour les protectionnistes qui courent les universités et ceux qui veulent les brûler et les détruire ; pour les protectionnistes par intérêt, et ceux qui nient l'évidence ; pour les protectionnistes désespérés qui croient à l'or anglais et redoutent le *Cobden Club*, et les protectionnistes sans honnêteté qui, souvent et sans y croire, jettent ces accusations aux quatre vents ; pour ceux enfin que l'on ne peut, quand ils se mêlent à la discussion, laisser sans réponse parce qu'ils sont de « grands hommes » ou des hommes d'âge, ou de gros actionnaires de certains journaux ou des administrateurs de certains collèges. Tous ceux-là m'ont, dans les controverses sur le protectionnisme, honoré plus ou moins de leur attention particulière. J'avoue qu'il m'en coûte de les laisser de côté; mais les prendre à part ne serait qu'une occasion de plaisir, et je ne vise qu'à l'utilité.

Le protectionnisme soulève mon indignation morale. Il est une manière hypocrite, cruelle et injuste de s'emparer des droits d'autrui. Il résulte de la force de la loi. Il est en même temps un abus social, une bévue économique et un fléau politique. L'indignation morale qu'il me cause me fait m'arracher aux études scientifiques qui forment ma véritable occupation, et me contraint à me jeter dans une agitation populaire. Il y a là quelque chose comme une « voix d'en haut »; tout homme est tenu d'y obéir et d'accepter dans la lutte la part qui lui échoit. C'est pourquoi j'ai consacré de mon temps plus que je ne le pouvais à des conférences publiques sur ce sujet, et pourquoi aujourd'hui j'ai enfermé dans ce livre la substance de mes conférences.

LE PROTECTIONNISME

CHAPITRE PREMIER

DÉFINITIONS ; POSITION DE LA QUESTION A EXAMINER.

A. *Le système dont la protection est la continuation.*

1. Les hommes d'État du dix-huitième siècle s'imaginaient avoir comme principale fonction l'organisation de la prospérité nationale. Leur procédé consistait, d'une part, à bâtir quelque idéal de grandeur politique et de richesse intérieure ; d'autre part, à formuler, en s'inspirant de leur sentiment personnel, de grands

dogmes sur le bonheur des hommes et le bien-être des sociétés. Cela fait, ils s'efforçaient d'inventer des moyens spécifiques pour enchaîner l'une à l'autre les deux théories. Leur idéal de grandeur politique renfermait comme principaux éléments une cour brillante, une aristocratie fine et distinguée, les beaux-arts et les belles-lettres dans leur plein développement, une armée et une marine puissantes, enfin des paysans et des artisans bien paisibles, bien obéissants et bien travailleurs pour payer les impôts et soutenir l'autre partie de l'édifice politique.

Dans cet idéal, les classes inférieures donnaient leur argent, les classes élevées se baissaient pour le prendre, et laissaient en retour tomber leurs bénédictions; et toutes vivaient heureuses ensemble. Les grands dogmes politiques et sociaux de cette période étaient d'origine exotique et s'adaptaient mal au milieu. On les avait tirés ou reçus des autorités classiques. Naturellement ces dogmes étaient surtout soutenus et enseignés par les philosophes;

mais, avec le cours du siècle, ils pénétrèrent jusque dans le monde des hommes d'État. L'homme d'État qui n'avait eu d'autre but que de maintenir la « grandeur » du roi ou de perpétuer la dynastie céda la place à des hommes d'État qui, avec un profond sentiment national, avaient un idéal pour leur pays et cherchaient passionnément les moyens de le réaliser.

Mais ceux-ci, faute d'une notion précise, basée sur l'observation et l'expérience, de ce qu'est une société humaine ou une nation, faute également d'une connaissance exacte de la nature et de l'action des forces sociales, se trouvèrent amenés à employer des procédés empiriques qu'ils ne pouvaient ni essayer, ni mesurer, ni contrôler. Ils entassèrent plan sur plan, échec sur échec. Quand un plan manquait le but visé et déterminait un mal imprévu, ils inventaient un plan nouveau pour prévenir le nouveau mal. Le nouveau plan à son tour était inefficace, devenait la cause d'un mal nouveau, et ainsi de suite à l'infini.

2. Parmi les expédients ainsi imaginés dans l'intérêt de la prospérité industrielle étaient :

1° Les droits d'exportation sur les matières premières, pour amener à l'intérieur l'abondance et le bon marché de ces matières ;

2° Des primes à l'exportation sur les produits manufacturés pour développer cette exportation ;

3° Des droits à l'importation sur les marchandises, pour réduire cette importation, et ainsi (grâce à la combinaison avec le n° 2), se rendre favorable la « balance du commerce », et s'assurer une importation de numéraire ;

4° Des droits sur l'exportation, ou même la prohibition de l'exportation des inventions mécaniques, de façon à priver les étrangers de l'avantage des découvertes nationales ;

5° L'interdiction d'émigrer aux artisans habiles, de crainte qu'ils n'allassent révéler à des rivaux étrangers le secret des industries du pays ;

6° Le monopole pour encourager les entreprises;

7° Des lois sur la navigation pour favoriser la construction des navires ou le commerce du transport, et assurer un personnel à la marine;

8° Un système colonial pour mener à bonne fin, par la politique, ce même commerce que les autres expédients avaient ruiné à force de réglementations économiques;

9° Des lois fixant les salaires et les prix en vue d'entraver les efforts que tente, pour se sauver dans la presse sociale, la classe des non-capitalistes;

10° Des lois sur le paupérisme pour affaiblir cet effort, en lui ouvrant une autre issue;

11° Des lois criminelles extravagantes pour tâcher de comprimer par la terreur un autre développement de cet effort; etc.

B. *Ancienne et nouvelle conception de l'État.*

3. Nous avons ici l'exposition claire et

complète d'une des manières d'envisager la société humaine ou l'État. La société est, dans l'opinion de ses partisans, un produit artificiel ou mécanique. C'est un objet que l'esprit d'invention peut mouler, faire et produire. Comme tout produit qui a été créé en se haussant vers un idéal au lieu de le façonner, peu à peu, d'après nature et sur des matériaux acquis, le produit que nous avons ici est venu au hasard, grotesque et contrefait. Comme tout produit qui a été créé en travaillant sur des plans dressés à grand renfort de pétitions de principe, celui-ci est la satire de la prévision humaine et de ce que nous appelons le sens commun.

L'État ainsi conçu est comme un château de cartes anxieusement échafaudées l'une sur l'autre, qu'ébranle le moindre souffle et en qui seules peuvent croire la naïve espérance et la confiance niaise; ou encore, comme le musée d'un alchimiste, plein des spécimens de ses échecs, monuments d'une ingéniosité dévoyée, témoins d'une méthode erronée; ou encore, comme le produit grossier d'un inventeur ignorant, qui au lieu de se demander : « De quelles forces est-ce que je dispose, et de quel usage pourront-elles être », se demande : « Qu'y a-t-il que je désire et que je puisse accomplir? » et qui s'efforce alors de faire merveilles, en augmentant le nombre des leviers et des engrenages, doublant le frottement et reculant ainsi toujours la solution.

4. Naturellement cette notion de l'État jure avec la conception de l'État comme siège de forces premières avec lesquelles il faut sans cesse compter; comme un organisme dont la vie durera dans tous les cas, si altéré, perverti, affaibli et vicié qu'il puisse être par les obstacles ou la contrainte; comme un centre de vie, dans lequel rien ne se perd, mais où le résultat d'hier se combinant avec les résultats d'aujourd'hui, a ainsi sa part d'influence et dans la résultante immédiate de cette combinaison, et dans la résultante prochaine et ainsi de suite à l'infini; comme le domaine d'activités si

puissantes qu'elles devraient terrifier quiconque ose s'en approcher, et d'instincts si délicats et si bien pondérés pour s'entretenir intacts que le plus sage des hommes trouverait une joie infinie, rien qu'à en suivre le jeu, et assez de gloire rien qu'à leur donner si peu que ce fût d'intelligente assistance.

Si un État s'acquittait bien de ces fonctions qui consistent à garantir la paix, l'ordre et la sécurité, considérées comme les conditions grâce auxquelles le peuple pourrait vivre et travailler, il ne pourrait donner de ce succès triomphant une preuve plus éclatante qu'en montrant qu'il n'a rien eu à faire, que tout s'est passé avec un calme absolu, à ce point qu'il n'a eu qu'à regarder, et qu'on ne l'a jamais appelé pour se mêler de quoi que ce fût. C'est ainsi qu'un homme d'affaires fait preuve de son habileté quand sa maison marche d'une façon calme et prospère, sans qu'il en ait été harassé ou tracassé.

Ceux qui reconnaissent la marque d'un

esprit entreprenant dans l'agitatior brouillonne et les « embarras », doivent croire qu'un État véritablement bon se mêlera de tout, réglementera tout, et regarder l'autre type d'État comme un « non gouvernement ». Mais l'État peut utilement avoir bien d'autres fonctions que ces fonctions de police. S'il *suit* les mœurs, s'il se règle sur le développement de l'édifice social pour pourvoir aux nouveaux besoins sociaux, il peut avancer puissamment le travail d'édification, en dressant des plans d'action commune, là où il n'est besoin que d'agir ensemble sans grands efforts, d'aprè des règles connues; il peut encore coo donner méthodiquement nombre de di positions qui, faute d'entente, ne rendent pas leur maximum d'utilité; enfin il peut sanctionner les nouveaux droits qui, dans une nouvelle organisation sociale, naissent chaque jour de relations nouvelles; et ainsi de suite.

5. Cette dernière conception de l'État commence seulement à se faire une place.

L'histoire entière et la sociologie rendent témoignage de son exactitude relative, au moins quand on la compare avec la conception précédente. Avec cette nouvelle conception de l'État, le mot « liberté » ne peut plus signifier que ceci : briser les chaînes et les entraves forgées par la « sagesse » d'autrefois. « *Laissez faire* » ou « *let alone* » devient la maxime fondamentale du gouvernement ; car elle veut dire : quittez les procédés empiriques ; inaugurez les procédés scientifiques. Laissez l'État revenir à la santé et à l'activité normales : vous pourrez alors l'étudier, vous instruire de ce qui le concerne par l'observation de ses phénomènes, et régler désormais, d'après une connaissance certaine, votre action sur lui. »

Des hommes d'État convenant à ce dernier système de gouvernement, il ne s'en est pas encore produit en grand nombre. La nouvelle école des hommes d'État radicaux ne se montre pas disposée à « laisser faire » à leurs voisins. Ils croient que s'ils sont arrivés au pouvoir c'est justement parce qu'ils savent ce dont leurs voisins ont besoin.

Les hommes d'État de l'ancien système qui disaient au peuple qu'ils savaient comment faire leur bonheur à tous et qu'ils allaient s'y mettre, étaient toujours beaucoup mieux récompensés que ne le sera aucun de ceux du type nouveau, et leurs échecs ne leur coûtaient jamais la confiance publique. Nous nous sommes lassés des rois, des prêtres, des nobles et des soldats; mais ce n'est pas parce qu'ils n'ont pas su faire notre bonheur à tous, c'est parce que nos dogmes *a priori* ont bouleversé la mode. Nous avons remis l'administration de l'État aux mains des légistes, des éditeurs, des littérateurs et des politiciens de profession, et ceux-ci ne sont nullement disposés à rien abdiquer des fonctions de leurs prédécesseurs, ou à abandonner la pratique de l'art de la prospérité nationale. La principale différence, la voici : ces hommes d'État d'autrefois combinaient la pratique de leur art avec le soin des intérêts des rois et des aristocraties qui les avaient élevés au pouvoir; les hommes d'Etat modernes se croient tenus de servir les fractions de la population qui les ont mis là où ils sont.

6. Toutefois, parmi les anciens expédients que nous avons ci-dessus énumérés (§ 2), il en est qui sont hors d'âge ou qui tombent en désuétude. Les droits mis sur les importations (V. n° 3), dans d'autres buts qu'un but de fiscalité, ne sont pas de ce nombre. Ils semblent même, à l'heure actuelle, revenir à la mode ou jouir d'un certain regain. C'est un signe de la faiblesse de notre sociologie, quand on la compare à nos autres sciences, qu'il ait pu, dans le dernier quart du dix-neuvième siècle, se produire ce phénomène : un regain de foi dans l'efficacité des droits sur les importations pour créer la prospérité nationale. Parmi les onze expédients ci-dessus mentionnés, y compris les droits à l'exportation des inventions mécaniques et l'interdiction d'émigrer, il n'y en a pas un seul qui ne soit

aussi rationnel et aussi sage que les droits sur les importations.

Je me propose maintenant de faire l'analyse et la critique du protectionnisme.

C. *Définition du protectionnisme. — Définition du mot « théorie ».*

7. Par protection*nisme*, j'entends la doctrine qui considère les droits protecteurs comme un procédé à employer dans l'art de la prospérité nationale. Les protectionnistes aiment à représenter, eux comme des hommes « pratiques » et les libre-échangistes comme des « théoriciens ». Le mot « théorie » est un de ceux dont on a fait le pire usage dans la langue, et les savants en sont, pour partie, coupables. Ils ont laissé, même entre eux, circuler ce mot pour dire une *explication conjecturale*, ou une *conjecture spéculative*, ou une *hypothèse* employée comme moyen de solution, ou un *projet qui n'a pas encore été vérifié par l'expérience*, ou un *théorème plausible sur les relations transcendantales* ou sur la *manière dont*

les hommes agiront sous l'influence de certains motifs. Les journaux paraissent fréquemment employer le mot « *théorique* » avec le sens de « imaginaire », fictif. Quant à moi, j'emploie le mot « théorie » non pas pour le distinguer du fait, mais dans le sens qui, scientifiquement, me semble le seul correct, pour désigner la description rationnelle, dans leur ordre et dans leurs rapports, d'un groupe de faits coordonnés.

Seulement, parfois, une théorie, dans un but particulier, se contentera de décrire certains aspects de ces faits et négligera les autres. Et alors, « dans la pratique », où les faits se présentent avec toute leur complexité, celui qui, par inattention, sort des limites de cette théorie, peut être étonné de certains phénomènes qui se présentent à lui. Mais cet étonnement a sa cause dans une bévue de sa part, et ne doit pas être imputé à crime à la théorie.

8. Passons maintenant au libre-échange. Le libre-échange, quelque sens qu'on

donne à ce mot théorie, n'est pas une théorie. C'est seulement un des modes de la liberté; c'est une des formes (et bien évidemment une forme négative) de l'attaque menée par expansion de l'intelligence moderne contre les entraves dont l'a chargée le passé. A l'intérieur des États-Unis, le libre-échange absolu existe sur le contiuent. Personne n'y pense ou ne s'en rend compte. Personne ne le *sent*. Car on ne sent que la contrainte et l'oppression. Quand on conquiert la liberté, on y réfléchit juste tant que dure le souvenir de l'oppression passée. J'ai vu mainte et mainte fois l'étonnement de gens qui se rendaient compte, quand on le leur faisait remarquer, qu'ils avaient toute leur vie vécu sous le libre-échange, et n'y avaient jamais pensé.

Quand le monde entier arrivera au libre-échange et en jouira, il n'y aura plus rien à en dire; le libre-échange disparaîtra des préoccupations et des discussions de l'homme; il disparaîtra des manuels d'économie politique, comme en disparaît aujourd'hui le chapitre de l'esclavage. Il semblera étrange aux hommes de penser qu'ils pourraient n'avoir pas le libre-échange; aussi étrange qu'il le serait aujourd'hui pour un Américain de penser qu'il ne pourrait pas voyager dans ces pays sans passe-port, ou qu'il a pu, un moment, y avoir une chance pour ces États de l'ouest d'être des États d'esclavagisme et non de liberté.

Dès lors, ce mot théorie appliquons-le à la Réforme protestante ou à une réforme législative, ou à l'anti-esclavagisme, ou à la séparation de l'Église et de l'État, ou aux droits du peuple, ou à toute autre campagne dans cet effort géant que nous appelons liberté et progrès, ce sera aussi raisonnable que de l'appliquer au libre-échange. Les esclavagistes l'appliquaient bien à l'abolition, et ils avaient parfaitement raison, si jamais le sens qu'on lui donne et que j'ai critiqué a été correct; car à un homme qui a grandi avec l'esclavagisme, il fallait une rare aptitude à calculer d'avance les résultats d'un changement social, une puissante faculté de suivre un raisonnement abstrait, et d'y croire pour se rendre compte, avant toute expérience, du bénéfice économique et social qui sortirait, le plus souvent pour les blancs, de l'émancipation. De même aujourd'hui, à des gens qui n'ont nulle expérience de la séparation de l'Église et de l'État, il faut une rare puissance de « conception théorique » pour se rendre compte de ses avantages et de sa justice. De semblables observations s'appliqueraient avec autant d'exactitude à des réformes semblables. La liberté des échanges est une révolte, un conflit, une réforme, une réaction, une émancipation du corps politique, tout comme l'ont été la liberté des cultes, la liberté de parole, la liberté de la presse, la liberté de l'homme. A aucun titre, ce n'est une théorie.

9. Le protectionnisme n'est pas une théorie au sens courant du mot, mais il rentre dans quelques-unes des acceptions usuelles et incorrectes de ce mot. Il est

purement dogmatique et basé sur l'*a priori*. On désire atteindre un certain but : la richesse et la prospérité nationale. On propose comme moyen d'y atteindre des droits protecteurs. Il faut supposer qu'il y a quelque connexité entre des droits protecteurs et la prospérité nationale, quelque relation de cause à effet, quelquel rapport d'énergie dépensée et de produit réalisé entre les droits protecteurs et la richesse d'un pays. Et alors si nous définissions la théorie, une conjecture spéculative sur des rapports occultes qui n'ont pas et ne peuvent pas être déterminés par l'expérience, la protection serait de cette définition un admirable exemple. Un autre exemple, tout pareil, nous est fourni par l'astrologie. Elle croyait à une relation de cause entre les mouvements des planètes et la destinée des hommes, et sur cette supposition, elle échafaudait tout un art de prédiction. Un autre exemple, qui a des ressemblances, sous un autre rapport, avec le protectionnisme, est celui de l'alchimie.

Acceptant comme indiscutable, que nous avons besoin de changer le plomb en or, elle supposait qu'il existait une pierre philosophale, et, pour la découvrir se mit, durant des siècles, à travailler sans cesse d'après la méthode des « essais et échecs ».

10. *Le protectionnisme* est un *isme*, c'est-à-dire qu'il est une doctrine ou un système de doctrine qui ne fournit aucune démonstration, qui ne s'appuie sur aucun fait, mais qui se contente d'offrir à la foi, comme base suffisante, son apparence raisonnable *a priori* et la plausibilité des arguments qui servent à l'exposer. Si un homme venait dire : « Je suis partisan des droits protecteurs, parce qu'ils me profitent ; c'est tout ce que j'en veux savoir, et je les ferai maintenir tant que je pourrai », il n'y aurait pas de difficulté à le comprendre, ni d'utilité à discuter avec lui. En ce qui le touche, il n'y a qu'une chose à faire : c'est de découvrir ses victimes et de leur exposer la question.

Mais la chose qui doit être discutée,

c'est la doctrine de la richesse nationale au moyen de droits protecteurs. Cette doctrine a les allures d'une théorie économique. Elle rivalise avec la doctrine du capital et du travail, comme si elle était, au même titre qu'elle, une des colonnes de la science de la production. Son but avoué est impersonnel et désintéressé, tout comme celui de l'économie politique. Elle n'est pas, comme le libre-échange, une attitude purement négative contre un système ancien, à laquelle on a été amené par l'étude de l'économie politique. Elle est, à elle seule, une sorte d'économie politique ; elle prétend au trône de la science. Si elle est vraie, elle n'est pas un corollaire, mais un postulat sur lequel et d'après lequel toute l'économie politique doit être édifiée.

11. Mais, attention ! si l'on énonce les dogmes qui constituent le protectionnisme, — *la richesse nationale peut être produite par des droits protecteurs et ne le peut pas sans eux*, — voici qu'au lieu de nous acheminer vers une science d'économie poli-

tique basée sur ce dogme, la science tombe morte sur le coup. Qu'y a-t-il désormais à dire de la production, de la population, de la terre, de la monnaie, de l'échange, du travail, et de tout le reste? Qu'est-ce que l'économiste peut apprendre ou faire? Quel rôle y a-t-il pour l'université ou l'école? Il n'y a plus rien à faire que de sauter par-dessus tout cela, s'adresser à l'art de la législation et demander au législateur d'établir des droits. Les seules questions qui peuvent s'élever se rapportent au nombre, à la variété, au chiffre et à la proportion de ces taxes. Sur toutes ces questions, l'économiste ne peut offrir aucune lumière. Il n'a aucune méthode propre pour les étudier. Il ne peut à leur égard déduire aucun principe, poser aucune loi. Le législateur doit marcher en aveugle et chercher à tâtons si ses taxes ne donnent pas le résultat désiré. S'il arrive qu'elles soient le « serpent » caché dans le tarif, il n'a qu'à le changer. Si le résultat est encore défectueux, il le change encore. Le protectionnisme obstrue avec un dogme la science de l'économie politique, et le seul procédé de gouvernement auquel il conduit est l'éternel « essais et échecs », le procédé de l'alchimiste, et de l'inventeur du mouvement perpétuel.

D. *Définition du libre échange et du droit protecteur.*

12. Qu'est-ce donc qu'un droit protecteur? Pour arriver aussi directement que possible à prendre parti, je citerai les définitions données, par un des principaux journaux protectionnistes (1), et du libre-échange et de la protection.

« Le mot libre-échange, quoiqu'il ait donné lieu à beaucoup de discussions, est rarement défini avec exactitude. Il ne signifie pas l'abolition des douanes. Il ne signifie pas davantage, comme l'ont supposé quelques disciples américains de l'école libre-échangiste, la substitution des impôts directs aux droits de douanes.

(1) *L'Américain*, de Philadelphie, 7 août 1881.

Il signifie une organisation des droits sur les importations combinée de telle façon qu'ils détourneront le capital d'une voie qu'autrement il aurait suivie, dans une autre voie créée ou favorisée par la législation douanière. Un pays peut demander son revenu entier aux droits sur les importations, et cependant être un pays de libre-échange absolu, tant qu'il ne donne pas à ces droits une direction telle que les énergies sont amenées à chercher un emploi, et les capitaux un placement dont, sans ces droits, ils se seraient détournés.

C'est ainsi qu'en Angleterre les droits de douane, sauf très peu d'exceptions, ne sont pas en opposition avec la profession que fait ce pays de croire au libre-échange. Ce sont des droits ou bien sur des articles que ne produit pas l'Angleterre, ou bien exactement équivalents aux droits de régie levés dans le pays sur les mêmes articles de fabrication nationale. Ils ne déterminent personne à mettre son argent dans l'industrie nationale d'un de ces articles, parce qu'ils ne font aucune différence en faveur du producteur national. »

13. Un droit protecteur, d'autre part, a pour objet de détourner une partie du capital et du travail de voies qu'autrement ils auraient suivies dans des voies créées ou favorisées par la loi. »

Je ne connais pas sur ces deux sujets de définition, quel qu'en soit l'auteur, plus correcte que celles-ci. Je les accepte et c'est sur elle que je m'appuie.

E. *Le Protectionnisme soulève un débat purement intérieur.*

14. On remarquera que cette définition d'un droit protecteur ne dit rien des étrangers ou des importations. Suivant cette définition, un droit protecteur est un procédé employé pour effectuer une transformation dans notre propre industrie. Si on lève le droit au port d'entrée sur un produit étranger qui y est actuellement importé, ce droit se paie au Trésor, et accroît ses recettes. Un droit protec-

teur est un droit calculé pour agir comme un obstacle à l'importation, afin d'écarter un produit étranger. Il n'agit comme droit protecteur que quand il est en fait une barrière, et qu'il est non pas un droit sur les importations, mais un obstacle aux importations. Aussi, un droit protecteur est-il une muraille destinée à enfermer les producteurs et les consommateurs nationaux, et à empêcher ces derniers de demander la satisfaction de leurs besoins en échange de leurs produits à aucun centre d'approvisionnements autre que celui où commande le producteur national. Le but et le fonctionnement de ce système sont d'autoriser le producteur national à lever sur le consommateur national le droit que le gouvernement a mis comme une barrière, mais n'a pas levé au port d'entrée. Dans ce système, le gouvernement dit : « Je n'ai pas besoin de revenus, mais je mettrai tout de même un droit, pour que vous, le producteur élu et favorisé, vous puissiez le percevoir. Je ne désire pas taxer le consommateur pour moi-même, mais je le tiendrai pour vous tandis que vous le taxerez. »

F. « *Un droit protecteur n'est pas un impôt.* »

15. Quelques personnes disent : « Un tarif n'est pas un impôt » ; ou encore, ainsi que le disait l'une d'elles devant une commission du congrès : « Nous n'aimons pas à l'appeler ainsi. » De toutes les choses plaisantes qu'a provoquées la grosse question des tarifs, celle-ci est certainement la plus humoristique. Si un tarif n'est pas une taxe, qu'est-il donc ? A quelle catégorie appartient-il ? Nul protectionniste ne l'a jamais dit. Ils semblent l'envisager comme un être en soi, une Puissance, une Force, une sorte de grand Manitou dont la fonction spéciale est de produire la prospérité nationale.

Ils ne semblent pas l'avoir analysé ou s'en être rendu compte suffisamment pour savoir quelle sorte de chose il est et comment il fonctionne. Quand on dit qu'il n'est pas un impôt, on entend qu'il ne coûte rien, qu'il produit son effet sans dépense d'énergie. Le congrès dit : Mettons un droit de tant pour cent sur l'article A. Là-dessus, les protectionnistes semblent croire que si l'on n'importe aucun de ces articles, si l'on ne paie aucun droit à la douane, l'industrie nationale n'en aura pas moins profité, la réclame générale n'y aura pas moins gagné, et qu'il n'y aura eu ni frais ni dépenses. Si cela est, alors le tarif vient de la magie. Nous avons trouvé la pierre philosophale. Nos députés étendent sur le pays leur baguette magique et disent : « Il n'y a qu'une mesure; cent cinquante pour cent », et, presto, nous voici riches. Ou encore ils disent : « cinquante sous par mètre, et cinquante pour cent *ad valorem* », et nous avons la prospérité.

Si nous élevions un mur le long de la côte pour écarter les étrangers et leurs marchandises, cela coûterait quelque chose. Si nous établissions un blocus devant nos côtes dans le même but, cela coûterait quelque chose. Et cependant, il y a des gens pour croire que si nous faisons la même chose par le moyen de l'impôt, cela ne nous coûtera rien.

16. Ceci est l'erreur fondamentale de la protection, erreur à laquelle l'analyse nous ramènera sans cesse. Scientifiquement, il est établi que *le protectionnisme est contraire à la conservation de l'énergie*. Plus simplement, il est établi que jamais le protectionniste, faute d'yeux ou de sincérité, n'aborde l'autre côté du compte, celui des frais et des déboursés, la contrepartie de ces bénéfices qu'il prétend devoir à la protection. Ces dépenses, pourtant, quand on les examine, on est sûr de les voir dépasser, et de beaucoup, les bénéfices, si toutefois ceux-ci sont bien réels; et cela, sans tenir compte du mal que font au développement national les restrictions et les réglementations.

17. Il n'y a que trois manières pour un homme de se défaire de ses produits, et des sortes différentes d'impôts correspondent à ces différentes manières d'aliéner

ses biens. 1° Il peut échanger ses produits contre les produits d'autrui. Dans ce cas, il se défait de sa propriété volontairement, et contre un équivalent. A ce procédé d'aliénation se rattachent les impôts que l'on paie pour la paix, l'ordre, et la sécurité. 2° Il peut donner ses produits. Dans ce cas, il s'en défait volontairement, sans équivalent. A ce procédé se rattachent les impôts que l'on paie volontairement pour les écoles, les bibliothèques, les parcs, etc. 3° Il peut en être privé par l'effet d'un vol. Dans ce cas, il s'en défait involontairement et sans équivalent. A ce procédé, se rattachent les droits protecteurs.

L'analyse que nous venons de faire épuise toutes les classifications, et il n'y a pas d'autre place pour ces droits. Les droits protecteurs sont ceux qu'un homme paie à son voisin pour le décider (ce voisin), à prix d'argent, à conduire sa propre affaire. Le premier ne reçoit aucun équivalent (§ 108). Après cela, celui qui dit qu'un tarif n'est pas un impôt n'a plus qu'à le ranger dans l'une de ces trois catégories : un tribut, un butin, ou un vol. Mais pour ne pas donner prise et nous faire, même injustement, accuser d'employer des mots mal sonnants, ne nous avançons pas trop, et appelons-le un impôt.

18. Dans tous les cas, il est certain que nous avons devant nous une affaire entre deux Américains. Les protectionnistes qui essayent de discuter le sujet s'échappent toujours à parler de la politique et de l'histoire de l'Angleterre, ou de l'Irlande, ou de l'Inde ou de le Turquie. Je ne les suivrai pas. Je me contenterai de discuter l'affaire contre deux Américains, qui est la seule affaire ici pendante.

Que les Anglais aiment ou non notre tarif, cela n'a pas d'intérêt. En fait, les Anglais semblent être arrivés à cette opinion que si les Américains se sont réservé pour leur part leur propre marché, en leur abandonnant à eux le marché du monde; ils accepteront cet arrangement. Mais il importe peu s'ils en sont satisfaits ou mécontents. La seule question pour nous est celle-ci : De quelle espèce est l'arrangement par lequel un Américain met un impôt sur un autre Américain ? Comment fonctionne-t-il? Quelle est son influence sur notre prospérité nationale? Ce sont les questions, et les seules, que je prétende discuter.

19. J'adopterai pour ces études deux méthodes différentes. D'abord je jugerai le protectionnisme sur ses revendications et ses prétentions propres, tenant pour vraies ses doctrines et ses revendications, et les suivant jusqu'au bout pour voir si elles produiront les résultats promis. Ensuite je prendrai l'offensive; j'attaquerai le protectionnisme et je le discuterai.

Celui qui propose un plan tendant au bien public a droit à une attention impartiale et soutenue; mais aussi, il est tenu d'expliquer comment, selon lui, son système doit fonctionner, quelles forces il met en mouvement, comment il les utilise, etc. Le principe du capital par actions, les institutions de crédit, la coopération et autres conceptions semblables doivent être soumises à l'analyse, et l'explication de leurs avantages, si elles en offrent, doit être cherchée dans les principes qu'elles mettent en pratique, dans les forces qu'elles emploient, dans l'excellence de leur mécanisme pour le but cherché. Nous devons ne mettre aucune confiance dans un système (par exemple : le bimétallisme, le socialisme), tant que ses inventeurs ne nous en soumettent pas une explication capable de soutenir l'examen d'un juge sans faiblesse ni complaisance. Car si ce système est bon, cet examen ne déterminera qu'une conviction de plus en plus profonde de ses mérites. Je dois donc d'abord accepter le protectionnisme tel qu'on nous le soumet et instruire son procès, comme le pourrait faire tout juge impartial, pour voir si, tel que nous le montrent ses avocats, il a quelques droits à notre confiance.

CHAPITRE II

EXAMEN DU PROTECTIONNISME SUR SON PROPRE TERRAIN.

20. C'est une ironie particulière à tous les systèmes empiriques de la science sociale, que non seulement ils manquent l'effet qu'on attendait d'eux, mais qu'ils produisent l'effet exactement contraire. On attend du papier-monnaie qu'il aidera le non-capitaliste et le débiteur, et ranimera l'industrie. Il ruine les non-capitalistes et les débiteurs, il réduit l'industrie et le commerce au calme plat. On attend des plans socialistes qu'ils amèneront l'égalité et le bonheur universel; ils engendrent le despotisme, le favoritisme, l'inégalité et l'universelle misère. Ces systèmes, dans leur fonctionnement, sont logiques avec leur nature. Ils fonctionnent juste comme un examen non prévenu aurait conduit le premier venu à penser, ou

comme une expérience limitée a montré qu'ils devront fonctionner. Si le protectionnisme n'est qu'un échantillon de la même espèce, l'examen que nous en ferons sur son propre terrain doit démontrer ce fait : qu'il aura pour résultat de paralyser l'industrie, de diminuer le capital, et d'abaisser la moyenne de bien-être. Voyons cela.

A. *Postulats du protectionnisme.*

21. Évidemment, cette doctrine repose sur deux postulats. La première est que si on nous abandonne à nous-mêmes, chacun devant choisir, en pleine liberté, la branche d'industrie où appliquer son énergie et employer son travail et son capital, de son mieux, dans les conditions normales du pays, il nous est interdit d'atteindre au maximum de prospérité; la seconde, que si seulement le Congrès veut nous mettre des impôts (convenables), nous serons poussés vers une prospérité plus grande.

Après cela, il est bien évident que le

libre-échange et la protection ne sont pas sur le même plan. Aucun libre-échangiste n'affirmera qu'il a un système pour donner au pays la richesse ou lui épargner les temps difficiles; pas plus qu'un médecin qui se respecte ne nous dira qu'il peut nous donner des spécifiques et des préservatifs pour nous maintenir tous en bonne santé. Tout au contraire : tant que vivront les hommes, ils feront des sottises, et ils devront en porter la peine; mais s'ils sont libres, ils ne feront que des sottises de leur cru, et ils ne porteront la peine que de celles-là. Le protectionniste part de cette prémisse que nous ferons des fautes, et c'est pourquoi lui, qui sait comment nous mettre dans le droit chemin, propose de nous mener par la main. Il ressemble au docteur qui sait nous donner juste la pilule qu'il nous faut pour nous « purifier le sang » et nous « garder des fièvres ». *De là, la prospérité dans un pays libre-échangiste, comme la misère dans un pays protectionniste, c'est la mort du protectionnisme*, tandis que la misère dans un pays libre-échangiste, ou la prospérité dans un pays protectionniste ne prouve rien contre le libre-échange.

22. Ce système, qui doit nous rendre supérieurs à nous-mêmes, consiste à choisir quelques-uns d'entre nous (lesquels même certainement ne sont pas de nous tous les plus habiles en affaires), pour aller à Washington, et là, soudainement convertis, nous créer des impôts à l'aveuglette, ou sinon à l'aveuglette, du moins dans des vues perfides et intéressées. Sûrement, ce serait là le triomphe de la stupidité et de l'ignorance sur la science intelligente, l'esprit d'entreprise et l'énergie.

Le mobile qui inspirerait chacun de nous, si nous étions libres, serait l'espoir du gain le plus élevé. Nous serions tenus de mettre dans nos affaires de l'ingéniosité, de la prudence, de l'économie et de la décision. Si, malgré cela, nous échouions, ce serait le résultat d'une erreur. Qu'est-ce que l'ingérence du Congrès pourrait bien y faire? Comment pourrait-il prévenir et corriger notre erreur. Il ne peut faire appel qu'à un seul mobile, à notre amour du gain, et que nous offrir un bénéfice là où il n'y en avait pas, en nous faisant délaisser l'industrie que nous avons choisie pour une autre à laquelle nous ne connaissons rien. Et dans celle-là, il ne peut nous offrir de profits plus élevés qu'en les prélevant sur ce qu'il prend à d'autres et ailleurs. Sinon, il faudrait dire que l'immixtion du Congrès suffit à redresser les erreurs de Jean, de Jacques et de Guillaume, et à rendre travailleurs les paresseux, et prudents les extravagants. Quiconque écrit cela doit croire aussi que le bonheur des hommes dépend non pas de la raison et de la conscience de chaque intéressé, mais des caprices de l'ignorance brouillonne, personnifiée dans quelques élus, ou des artifices des rôdeurs de couloirs, agissant en corps et à distance.

B. *Conditions nécessaires au succès d'une législation protectionniste.*

23. Admettons cependant qu'il soit

vrai que le Congrès a le pouvoir (par je ne sais quel usage de son droit de créer des impôts) d'exercer une influence favorable sur le développement industriel du pays : n'est-il pas vrai que tout homme raisonnable demanderait encore à être satisfait sur les trois points suivants?

24. (*a*) Si le Congrès peut faire cela, et qu'il se dispose à le tenter, ne devrait-il pas, pour y réussir, avoir une idée nette de ce qu'il vise et de ce qu'il veut faire? Qui aurait confiance en un homme qui se lancerait dans une entreprise sans avoir rempli ces conditions? Le Congrès les a-t-il jamais remplies? Jamais. Il n'a jamais eu ni méthode ni but dans sa législation douanière. Le Congrès s'est simplement prêté à l'action des parties intéressées, et le produit de sa législation douanière n'a été que la résultante des luttes respectives des coteries intéressées et des combinaisons, qu'elles ont été forcées de faire entre elles.

En 1882, le Congrès se montra ou feignit d'être touché de l'évidence de ce fait que s'il exerçait le pouvoir suprême et portait la responsabilité, il était tenu d'y apporter quelque intelligence; et il nomma une Commission des tarifs. Cette commission consacra plusieurs mois à faire une enquête. Elle se composait uniquement de protectionnistes, à une exception près. Elle recommanda une réduction de 25 p. 100 dans le tarif. Elle disait : « Dès ses premières délibérations, la Commission a acquis la conviction qu'une réduction considérable des tarifs est réclamée non par une clameur populaire confuse, mais par l'opinion conservatrice la plus éclairée du pays... Les droits excessifs sont positivement nuisibles aux intérêts qu'ils sont censés protéger. Ils encouragent des spéculateurs téméraires et inexpérimentés à faire dans des entreprises manufacturières des placements de capitaux dont les résultats sont la ruine pour ces téméraires et ceux qu'ils emploient, et une pléthore de produits qui dérange les opérations des maisons habiles et prudentes » (§ 111).

Ce rapport fut complètement jeté de côté, le Congrès n'en connut rien, et recommença à agir exactement comme autrefois. La loi de 1883 ne fut même pas élaborée par ou dans le Congrès. Elle fut perpétrée dans l'ombre, au sein d'un comité de conférence qui introduisit dans le projet de loi de nouveaux et criants abus sous le couvert de prétendues revisions et réductions.

Quand un bill sur les douanes est soumis au Congrès, le premier projet part d'un certain taux sur un article donné, mettons 20 p. 100. Ce taux, on l'élève par voie d'amendement à 50; l'article est pris alors dans les combinaisons d'un syndicat et le taux poussé jusqu'à 80 p. 100; le bill est alors transmis à l'autre chambre, et le taux de cet article est réduit de nouveau jusqu'à 40 p. 100; puis une conférence entre les deux chambres fixe le droit à 60 p. 100.

Celui qui croit à la doctrine protectionniste doit penser, en regardant cette procédure, que la fortune du pays s'en va ainsi chassée à coups de pieds autour du Congrès, à la merci des chances qui déterminent à quel taux pour cent les impôts sur ces articles seront, en fin de compte, fixés. Et qu'est-ce qui détermine à quel taux sera fixé l'impôt sur un article donné? Est-ce une connaissance exacte de l'industrie? Rien de tel. Pour mettre un impôt donné sur un article donné, il n'y a qu'une question : « Qu'y a-t-il derrière cela? « L'histoire de la législation douanière des États-Unis donne de la doctrine protectionniste une notion moitié grotesque et moitié révoltante.

25. (*b*) S'il peut exercer sur l'industrie cette prétendue influence bienfaisante, *le Congrès ne devrait-il pas connaître la force qu'il se propose de mettre en mouvement*? Ne devrait-il pas avoir, en matière de législation protectionniste, quelques règles pour savoir dans quels cas, entre quelles limites, à quelles conditions ce système peut effectivement être employé? N'est-ce pas la question que l'on devrait

raisonnablement poser à quiconque propose un plan pour un but donné ? Le Congrès cependant n'a jamais su de quelle façon les impôts qu'il vote accompliraient cette bienfaisante besogne? Il n'a jamais eu, et n'a jamais paru croire utile d'avoir aucune notion du mode d'action des droits protecteurs. Il met des impôts, aussi lourds que le permet le conflit des intérêts, et s'en retourne dans ses foyers, convaincu qu'il a sauvé le pays. Quel dommage que les philosophes, les économistes, les sages et les moralistes aient perdu tant de temps à chercher les conditions et les lois de la prospérité humaine. Les impôts peuvent faire tout cela !

26. (*c*) Si le Congrès peut faire ce qu'on dit et se dispose à tenter l'expérience, n'est-il pas du plus simple bon sens de demander que, quand elle aura duré quelques années, on vérifie de diverses façons si véritablement elle donne tout ce qu'on en attendait. Dans la campagne de 1880, on nous disait que, si Hancock était élu,

nous aurions le libre-échange, que les salaires diminueraient, les usines se fermeraient, etc., etc. Hancock ne fut pas élu; il n'y eut aucune réforme du tarif, et cependant en 1884 nous avons vu baisser les salaires, fermer les usines, et toutes les désastreuses conséquences dont on nous avait menacés.

Pendant l'hiver de 1884-85, Bradsteet fit une enquête, d'où il résulta qu'il y avait 13 p. 100 du personnel qu'employait l'industrie en 1880, soit 316,000 ouvriers sans ouvrage, 17,550 en grève, et que les salaires avaient, depuis 1882, baissé de 10 à 40 p. 100; et cela particulièrement dans les principales industries protégées. Que prouvaient, dans ce cas, tant de calamités? Si nous avions eu une réforme douanière, ne nous aurait-on pas resassé que toutes ces choses en étaient la conséquence? Et alors, dans ce même cas, ne prouvaient-elles pas la folie de la protection. Mais non! ce serait attaquer le dogme sacré, et le dogme sacré est article de foi; si bien que comme il n'a jamais pris appui sur les faits ou sur l'évidence, il en a tout autant après que l'expérience a manqué qu'avant qu'elle fût faite.

27. Si néanmoins on pouvait imaginer un plan de législation susceptible, dans les idées protectionnistes, de nous donner cet ensemble d'impôts qui à l'heure actuelle irait au pays comme de cire (*the right jacket*), combien de temps lui irait-il ? Pas une semaine. Nous avons, dans ce pays, 55 millions d'habitants répandus sur un territoire de 3 millions et demi de milles carrés. Chaque jour on ouvre de nouvelles voies de communication, on fait de nouvelles découvertes, on crée de nouvelles inventions, on applique de nouveaux procédés, et la conséquence en est que notre système industriel est constamment en mouvement et en transformation. Si un juste système de droits protecteurs a été chose pratique à un moment donné, comment le Congrès pouvait-il marcher de pair avec les changements et les réadaptations nécessaires ? C'est là une idée absurde et

je trouve monstrueux, même dans l'hypothèse protectionniste, que nous vivions sous l'empire d'un tarif protecteur établi en 1864.

Les décisions hebdomadaires que rend, en matière de douanes, le ministère des finances peuvent être regardées comme les incessants efforts qui sont nécessaires pour adapter l'ancien système aux conditions actuelles; et, comme on ne peut faire figurer de nouvelles fabriques, de nouvelles méthodes et de nouveaux procédés dans des cédules rédigées vingt ans avant leur invention, ces décisions règlent en soi le sort de vingtaine d'industries nouvelles, qui ne figurent dans aucun recensement, et dont nul de nos représentants ne tient compte. Aussi, même si nous croyions à la sagesse de la doctrine protectionniste, et à l'action bienfaisante d'un système protecteur, et à l'excellence de celui que nous avions quand il fut établi, nous serions amenés à la conclusion qu'un tarif vieux de vingt ans est à coup sûr injuste aujourd'hui.

28. Il n'y a donc, dans le mécanisme législatif qui confectionne les tarifs de douanes, rien qui soit fait pour gagner la confiance d'un homme de sens; bien au contraire, et les expériences que l'on a faites de cette législation n'ont rien donné, que des avertissements contre ce système.

Bien loin de nous amener, par de bonnes raisons, à croire que nos erreurs pourraient être redressées, et augmenté notre pouvoir de production, l'examen du tarif, en tant qu'œuvre lègislative, ne nous le montre que comme un fardeau qui doit paralyser tout ce que nous pouvons avoir de force économique.

C. *Examen des moyens proposés, à savoir des impôts.*

29. Tout impôt est un fardeau, et de sa nature même ne peut être rien autre. En langage mathématique, tout impôt est une quantité affectée d'un signe négatif. S'il procure la paix et la sécurité, c'est-à-dire s'il réprime le crime et l'injustice et prévient la discorde, qui économiquement

est une destruction, alors il est une quantité négative moindre que celle qu'il y aurait sans lui; et c'est là le profit qu'on retire d'un bon gouvernement. Aussi, comme toutes les dépenses que nous faisons, les impôts doivent-ils être soumis à cette loi de l'économie, obtenir la qualité et la quantité maximum au minimum de frais. Au lieu de regarder négligemment les dépenses publiques, nous devrions les surveiller avec un soin jaloux. Loin de voir dans les impôts un bien possible, et à coup sûr pas un mal, nous devrions regarder chacun d'eux avec défiance, et chaque centime d'impôt comme devant être justifié. Tout homme d'État qui en lève plus qu'il ne faut pour un bon gouvernement administré avec économie, est incompétent et manque à ses devoirs.

J'ai passé les quinze dernières années à étudier presque exclusivement l'économie politique, et quand je regarde en arrière cette longue période et que je me demande quel est, dans les questions sociales, l'effet le plus marqué de cette étude que je perçoive sur ma propre opinion ou sur mon point de vue, je trouve que c'est celui-ci : J'ai la conviction que personne n'embrasse les effets multiples et compliqués que produisent les impôts. Je ressens l'impression la plus vive du mal qu'ils causent, pénétrant, comme ils le font, à la table et au foyer de chaque famille.

Les *effets des impôts varient avec chaque changement dans le système industriel et dans l'état de l'industrie;* et ils sont si compliqués qu'il est impossible de les suivre, de les analyser, et de les systématiser. Mais l'étude du sujet finit par dégager cette conviction solide : œuvre de l'impôt, c'est la paralysie, l'amoindrissement, la privation; et cela, incessamment et toujours davantage.

30. Supposons une personne avec un revenu de 5000 francs, dont, en l'absence d'impôts, elle économisait, par an, 500 francs. Voici qu'on lui demande un impôt de 50 francs, peu importe de quelle espèce il est, ou comment on l'établit. Paiera-t-elle la taxe sur les 4500 francs

qu'elle dépense ou sur les 500 francs qu'elle épargne. Dans le premier cas, elle doit réduire son ordinaire, ou son vêtement ou son installation; en un mot, elle abaisse sa moyenne de confort. Dans le second cas, elle réduit l'accumulation de son capital, lequel est sa réserve d'avenir. D'une ou d'autre manière, son bien-être se trouve diminué et ne peut pas ne pas l'être; et, par l'effet général, le bien-être de la communauté se trouve diminué par cet impôt.

Bien évidemment, il importe peu que cette personne se rende ou non compte de cela. Les effets restent les mêmes. En se plaçant à ce point de vue, on voit tout de suite le mal que font les impôts établis pour payer l'achat de jardins publics, de bibliothèques et toutes sortes de belles choses. Dans ce cas-là, le créateur d'impôts ne travaille pas pour l'ordre public. Il dépense simplement au lieu et place des citoyens les bénéfices qu'ils ont faits. Il décide que son voisin aura moins de vêtement et plus de bibliothèque et de parc. Quand nous arrivons aux droits protecteurs, l'abus est monstrueux. Le législateur, qui a entre les mains ce pouvoir de créer l'impôt, en use pour décider que tel citoyen aura moins de vêtements afin d'accroître les bénéfices d'un autre citoyen dans ses affaires privées.

31. Après cela, quand on cherche la nature de l'impôt, et qu'on examine le protectionnisme à son propre point de vue et en le tenant pour vrai, au lieu de trouver dans la nature des moyens qu'il met en œuvre la moindre confirmation de ses prétentions, nous trouvons tout le contraire. Nous concédons qu'agissant en pleine liberté, le peuple commet des fautes et reste loin de ce comble de prospérité auquel il pourrait atteindre; mais nous voyons nettement que ce ne sont pas de nouveaux impôts qui pourront le hausser jusqu'à son but ou corriger ses erreurs. Au contraire, toute création d'impôts au delà de ce que veut l'administration parcimonieuse d'un bon gouvernement s'analyse ou en un luxe ou en un gaspillage,

et si de semblables impôts pouvaient conduire à la richesse, c'est qu'alors le gaspillage pourrait engendrer la richesse.

D. *Examen du système des impôts réciproques.*

32. Supposons donc que les industries, dans toute l'étendue du territoire, se mettent toutes à s'imposer réciproquement, comme nous voyons qu'elles font avec le système protecteur. N'est-il pas clair que l'effet de ces impôts ne peut être que de *déplacer* les produits, et nullement, de toute impossibilité, de les créer.

L'objet du système protecteur est « de détourner une partie du capital et du travail du pays de la voie que, sans lui, ils auraient suivie. Pour ce faire, il lui faut un point d'appui, ou point de réaction; sans quoi, il ne peut faire agir aucune force qui le rapproche de son but. Le point d'appui, ce sont ceux qui paient l'impôt qui le lui fourniront.

Prenons un exemple. La Pensylvanie frappe l'état de la Nouvelle-Angleterre d'un droit mis sur chaque tonne de charbon ou de fer qu'il emploie dans ses industries. L'Ohio frappe la même Nouvelle-Angleterre d'un droit sur la laine qu'il lui vend pour ses industries (1). La Nouvelle-Angleterre frappe l'Ohio et la Pensylvanie d'un droit sur les cotons et les lainages qu'elle leur vend. Quel est, au juste, le résultat? Il est mathématiquement certain que voici les seuls résultats possibles : 1° La Nouvelle-Angleterre rentre exactement dans ce qu'elle a payé; auquel cas, le système donne zéro, sauf ses frais de mise en œuvre, et la limitation qu'il impose à l'industrie de tous; 2° la Nouvelle-Angleterre reçoit moins qu'elle n'a payé;

(1) Les producteurs de laine ont tenu une réunion à Saint-Louis le 28 mai 1885. Ils y estimèrent leur perte, après la réduction des droits sur la laine en 1883, c'est-à-dire la *différence* de ce que ce droit leur produisait avant et après cette réduction, à 540 millions de francs (*New-York Times*, 29 mai). S'ils ont perdu cette somme, les consommateurs l'ont gagnée. Ils en sont fort irrités, et bien décidés à ne pas voter pour quiconque ne les aidera pas à réassujettir les consommateurs à ce tribut ennuyeux.

auquel cas, elle est le tributaire des autres États; 3° elle reçoit plus qu'elle n'a payé, auquel cas elle lève un tribut sur eux. Cependant, dans la doctrine protectionniste, ce système, étendu à tout le pays et appliqué à toutes les industries, serait un moyen de créer la prospérité nationale. Quand il fonctionne au complet, à quoi donc peut-il aboutir, sinon à ce que tous les Américains doivent subvenir aux besoins de tous les Américains? Comment y pourront-ils parvenir plus facilement qu'à subvenir chacun à ses besoins personnels au mieux de ses facultés? De toute manière, il faut donc que le protectionnisme laisse là ses prétentions, comme fausses.

33. En 1676, le roi Charles II concéda à son fils naturel, le duc de Richmond, une redevance d'un shilling par voie (1) de charbon que l'on exportait de la Tyne. Une telle concession nous semble un abus criant du pouvoir de créer des impôts. Il

(1) Treize hectolitres environ.

y a là cependant un cas fort intéressant, parce que le propriétaire de la mine et le titulaire de l'impôt étaient deux personnes différentes, et que l'impôt peut être ainsi étudié dans son iniquité respective.

La vallée de la Tyne possédait, je le suppose, dans la production du charbon. de tels avantages et une telle supériorité qu'ils constituaient en fait un monopole incontesté; l'impôt tombait donc sur le propriétaire de la mine (*Landlord*), c'est-à-dire que le roi transférait à son fils partie de la propriété qui appartenait aux propriétaires des charbonnages de la Tyne. A cet égard, cet exemple risque de n'être pas accueilli de quelques-uns de nos protectionnistes comme il le serait si l'impôt était tombé sur les consommateurs. Si le Congrès avait constitué la pension du général Grant en lui donnant 4 francs par tonne de charbon extraite dans la vallée de Leghid, quelles protestations n'aurions-nous pas entendues de la part des propriétaires de mines de ce district!

Mais supposons que le fils du roi eût été

propriétaire des mines de charbon, et les eût exploitées lui-même, et que le roi lui eût dit : « Je vous autoriserai à élever d'un shilling par voie le prix de votre charbon, et pour vous y aider, je frapperai tout autre charbon que le vôtre d'un shilling par voie », ce plan aurait alors été moderne, éclairé, tout à fait américain. C'est celui que nous avons adopté pour l'émeri, le cuivre et le nickel. Dans ce cas, l'impôt est payé par le consommateur, et en conséquence, selon nos protectionnistes, loin d'être nuisible, il est la clef même de la prospérité nationale, la panacée qui corrige les erreurs de notre opiniâtreté ignorante et nous élève à une organisation industrielle supérieure à ce que nous aurions pu atteindre dans notre stupidité privée de guide.

E. *Examen de la proposition : « Le protectionnisme crée une industrie. »*

34. Cependant le protectionniste déclare qu'il va créer une industrie. Examinons également cette idée, à son point de vue,

en le tenant pour vrai; et voyons si nous pouvons y trouver quoi que ce soit qui mérite confiance. Un droit protecteur, d'après la définition d'un protectionniste (§ 13), « a pour but de détourner partie du travail et du capital national vers des voies favorisées ou créées par la loi ». En suivant jusqu'au bout cette proposition, nous verrons ce que sont ces voies; nous verrons ainsi si elles sont de nature à nous persuader que des droits protecteurs puissent accroître la richesse.

35. *Qu'est-ce qu'une industrie?* Quelques personnes répondront : C'est une entreprise qui donne du travail. Les protectionnistes semblent adopter ce point de vue, et ils proclament, en montant une industrie, qu'ils « donnent de l'ouvrage » aux travailleurs. Avec ces idées, nous vivons pour travailler, nous ne travaillons pas pour vivre. Mais nous n'avons pas besoin de travail. Nous en avons trop, de travail. Nous voulons de quoi vivre; et le travail est l'inévitable et désagréable prix que nous devons payer pour cela. Ce qu'il

nous faut, c'est donc, le plus possible de moyens de subsistance au plus bas prix possible. Nous verrons que le protectionniste donne de l'ouvrage, mais dans ce sens qu'il diminue les moyens de subsistance et qu'il en augmente le prix.

Mais s'il nous faut des moyens de subsistance, il nous faut par cela même du capital. Si l'industrie paie des salaires, elle doit s'appuyer sur le capital. Il faudrait donc que les droits protecteurs, s'ils devaient augmenter les moyens de subsistance, pussent, en même temps, accroître le capital. Or comment des impôts pourraient-ils accroître le capital? Les droits protecteurs ne peuvent que prendre à A pour donner à B. Et alors, si B se trouve, grâce à cet arrangement, en état de donner de l'extension à son industrie et d'offrir plus de travail, le pouvoir de A pour le même objet est diminué au moins d'une quantité égale. Donc, même avec cette définition erronée d'une industrie, il n'y a pas de chances de succès pour le protectionnisme.

36. Une *industrie est une organisation du travail et du capital en vue de satisfaire à quelque besoin de la société.* Elle n'est pas une fin en soi. Elle n'est pas en soi une chose bonne à posséder. Elle n'est ni un jouet, ni un ornement. Si nous pouvions sans elle satisfaire à nos besoins, nous en serions plus riches, non plus pauvres. Comment alors pouvons-nous créer des industries?

37. Celui qui découvre dans le sol de son district quelque moyen nouveau et efficace pour satisfaire aux besoins de l'homme, celui-là peut doter ce district d'une nouvelle industrie. Celui qui découvre une manière de traiter quelque dépôt naturel, le minerai ou l'argile par exemple, de façon à fournir un instrument ou un ustensile meilleur marché ou plus commode que celui qui est en usage, celui-là peut créer une industrie. Celui qui découvre quelque moyen perfectionné d'élever le bétail ou de faire pousser les légumes, peut-être en utilisant un climat favorable, celui-là peut également créer

une industrie. Celui enfin qui invente quelque nouveau traitement de la laine, ou du coton, ou de la soie, ou du cuir, ou fait une combinaison nouvelle qui donne une fabrication plus facile ou plus attirante, celui-là peut encore fonder une industrie. Le téléphone est une industrie nouvelle. Quelle est la mesure de son bénéfice? Est-ce le nombre « d'emplois » qu'il offre dans ses bureaux ou au dehors? Non, son gain lui vient d'avoir donné satisfaction aux besoins de communication avec une moindre dépense de temps et de travail. Inutile de multiplier les exemples.

On peut voir maintenant ce que c'est que « créer une industrie ». C'est une affaire de cervelle et d'énergie. Comment un impôt pourrait-il le faire?

38. Supposons que nous créions une industrie, même au sens que nous venons de définir, *quel en sera le bénéfice?* Les habitants du Connecticut gagnent aujourd'hui leur vie en mettant leur travail et leur capital dans certains genres d'industrie. Ils ont changé bien des fois d'indus-

tries. S'ils s'apercevaient qu'ils ont sous la main une partie fructueuse jusqu'ici inexplorée, ils pourraient tous s'y porter. Pour cela, il leur faudrait quitter ce qu'ils font actuellement. Mais ils ne feraient ce changement que si les bénéfices de la nouvelle industrie étaient supérieurs à ceux de l'ancienne. Le bénéfice n'est donc que la *différence* entre ce que rapportait l'ancienne industrie et ce que rapporte la nouvelle. Cependant, les protectionnistes, quand ils parlent de « créer une industrie », semblent supposer que le profit total de cette industrie (quelques-uns même diraient la totalité du capital qu'elle emploie), est la mesure de l'utilité de cette création.

Mais, d'après notre définition, « un droit protecteur a pour objet de détourner une partie du travail et du capital national des voies que sans lui, ils auraient suivies ». Évidemment, cela implique une contrainte. Il ne serait pas besoin de contrainte pour amener les gens à entreprendre une industrie nouvelle qui puiserait sa raison de se fonder dans une nouvelle force industrielle où l'apparition de besoins nouveaux. Il n'est pas besoin de contrainte pour pousser les gens à acheter des écus à 4 fr.,95. Il y a lieu à contrainte quand on veut les leur faire acheter à 5 fr.,05. Ici, on a besoin de l'intervention du gouvernement, qui, grâce au pouvoir qu'il a de créer l'impôt, peut faire quelque chose. Quoi donc? Il peut dire : « Si vous voulez acheter un écu 5 fr.,05, je puis frapper et je frapperai John d'un impôt de deux sous, un pour vous indemniser de votre perte, l'autre pour vous constituer un bénéfice. » On le voit, dans la propre doctrine du protectionniste, son système n'est pas utile et ne trouve pas d'application quand la nouvelle industrie est créée dans le sens vrai et le seul raisonnable du mot; il n'en a que *quand on veut pousser le travail et le capital national à un placement désavantageux et ruineux.*

39. Allons plus loin. Il est bien évident que le protectionniste n'a pas « créé une

industrie », mais qu'il *a simplement pris une industrie et l'a implantée comme un parasite pour vivre aux dépens d'une autre*. L'industrie est à elle-même sa propre récompense. Il n'est pas logique qu'un homme reçoive de ses voisins une prime pour gagner sa vie. Il ne faut pas mettre dans la même catégorie économique une usine, un asile d'aliénés, une école, une église, une maison de refuge et une prison. Nous savons que la société doit payer pour l'entretien des asiles d'aliénés, des refuges et des prisons. Mais nous ne pouvons voir ces institutions sans un sentiment de regret, car elles sont une consommation stérile du capital. Tous ces gens actifs que nous voyons, dans leurs environs, travailler et produire, nous savons qu'ils doivent abandonner une partie de leurs gains pour fournir à la destruction et à la consommation que font ces établissements. Aussi, plus *ils sont importants et plus ils sont attristants*.

40. Quant aux écoles et aux églises, nous savons que le pays doit payer pour

entretenir ses institutions conservatrices. Elles absorbent du capital et, au moins directement, elles n'en rendent pas ; mais elles en rendent indirectement et à la longue, par des voies que nous pourrions suivre et contrôler, si c'était dans notre sujet. Nous avons ainsi une seconde classe d'établissements.

41. Mais les fabriques, les exploitations agricoles, les forges, sont les établissements producteurs qui doivent pourvoir à l'entretien de ces établissements consommateurs. Si les fabriques, les fermes, etc., se mettent sur la même ligne que les maisons de refuge ou seulement que les écoles, qui pourvoira à leur entretien à elles et au reste? Il n'y a plus rien derrière elles. Si, dans une mesure ou d'une manière quelconque elles deviennent des charges et des objets qu'il faille soigner et protéger, il n'y a pas de doute possible, une partie d'entre elles va retomber sur l'autre partie, et celle-ci devra porter le fardeau de tous les établissements consommateurs, y compris les industries

consommatrices; car une fabrique protégée n'est pas une industrie productive. C'est *une industrie consommatrice.* Si une fabrique est, comme dit le protectionniste, une victoire du tarif, en d'autres termes, si, sans le tarif, elle n'aurait pas pu naître (et c'est là le seul rapport qu'elle puisse avoir avec lui), alors elle n'est pas productive, elle est consommatrice ; elle est un fardeau que le pays doit porter. *Plus elle est importante, plus elle est attristante.*

42. Si un protectionniste me montre une fabrique de lainages, et me défie de nier que ce soit là une grande et précieuse industrie, je lui demande si elle est fille du tarif? Il répond que non : j'admets volontiers que c'est là un établissement prospère et utile; mais il est en dehors de notre discussion, tout autant qu'un domaine agricole ou que la clientèle d'un médecin. S'il dit oui, alors je lui réponds que cette usine n'est à aucun titre une industrie.

Nous payons sur nos vêtements un impôt de 60 p. 100, *simplement pour que cette-usine existe.* Ce n'est pas là un établissement qui nous fournit du drap ; car, s'il n'y avait pas de fabrique de drap et que nous allassions au marché porter les mêmes produits que nous portons actuellement à la fabrique, nous y obtiendrions, en échange, tout le drap qu'il nous faut ; la fabrique n'est rien qu'un *établissement grâce auquel il nous faut donner, pour chaque mètre de drap,* 60 *p.* 100 *de plus de nos produits que nous ne donnerions sans elle.*

C'est là la seule et unique fonction que cette fabrique ait, par son existence, ajouté à l'état de choses antérieur.

J'ai dit de cette usine, qu'elle était « nuisible ». Le mot m'a été reproché. Les mots ne sont rien. Quand on se jette dans la mêlée, il ne faut pas se mettre à gémir et à pleurer dès que les coups commencent à pleuvoir ; ou alors qu'on se tienne à l'écart. Ce que j'entendais par ce mot, le voici : Une chose nuisible est celle qui, par son existence et sa présence dans la société, ne cause à cette société que ruine et dommage, et travaille contre l'intérêt général et non pas dans l'intérêt général. Une fabrique qui obstrue les chemins et nous empêche d'atteindre au confort que nous ambitionnons, qui rend plus difficiles les conditions d'achat, alors que nous consacrons notre temps, notre talent et notre science à rendre ces conditions plus faciles, cette fabrique est une chose mauvaise et nuisible à l'intérêt général.

43. Ainsi, une fois de plus, partant de l'hypothèse du protectionnisme, et acceptant sa propre doctrine, nous voyons qu'il ne peut pas créer une industrie. Il ne peut qu'implanter une industrie sur une autre, comme un parasite; et par cela seul qu'il s'est ingéré dans toutes ces combinaisons, nous pouvons affirmer à coup sûr qu'il a forcé le travail et le capital à choisir un placement moins favorable qu'ils n'auraient fait, s'il les eût laissés en paix. Et quand nous cherchons quelles sont ces « voies » que « la loi doit favoriser ou créer », nous trouvons qu'el-sont, par hypothèse, et dans la logique

même du système protecteur, les *industries qui ne paient pas.* Les protectionnistes proposent de faire la fortune du pays au moyen de lois qui favoriseront ou créeront ces industries; mais ces industries ne peuvent que gaspiller le capital; et alors si elles sont la source de la richesse, c'est *que le gaspillage est la source de la richesse.* Ainsi, cette prétentention des protectionnistes, que leur système pourrait réparer nos erreurs, et nous amener à un degré de prospérité que nous ne saurions atteindre sous le régime de la liberté, cette prétention subit un nouvel échec, et nous nous apercevons que le protectionnisme ne fait que gaspiller la force que nous avions jusqu'ici accumulée.

F. *Examen de la proposition: Le protectionnisme développe nos ressources naturelles.*

44. « Mais, disent-les protectionnistes, prétendez-vous dire, que si nous avons dans notre sol un gisement de fer, il

n'est pas sage à nous de l'ouvrir et de l'exploiter? — Vous entendez, sans aucun doute, dis-je à mon tour, ouvrir et exploiter avec l'aide et l'aiguillon de la protection; car, s'il y a un dépôt de fer, les États-Unis n'en sont pas propriétaires. Le propriétaire, c'est quelque particulier. S'il peut l'ouvrir et l'exploiter, nous n'avons rien à faire, qu'à lui souhaiter : Dieu vous garde ! — Eh bien, répliquent-ils, mettons qu'il réclame protection. » Soit! examinons ce cas, et toujours en tenant pour exacte la doctrine protectionniste. Voyons où nous aboutirons.

Celui qui a découvert ce gisement de fer ne s'en va pas (dans la doctrine protectionniste), attendu qu'il n'y a pas de droit protecteur, se munir d'instruments, s'entourer de travailleurs, et se mettre à la besogne. Il se rend à Washington. Il rend visite à son député, et voici le dialogue qui s'engage.

L'homme au fer. — Monsieur le député, j'ai découvert un gisement de fer sur mon domaine.

Le député. — Vraiment! voici une bonne nouvelle. Notre pays se trouve enrichi d'une nouvelle ressource naturelle que nous ne lui supposions pas.

L'homme au fer. — Oui! et maintenant je veux ouvrir la mine.

Le député. — Très bien! faites. Nous serons heureux d'apprendre que vos affaires vont bien et que vous faites fortune.

L'homme au fer. — Oui, bien entendu; mais actuellement je gagne ma vie à gratter le dessus du sol, et j'ai bien peur de ne pas retirer tant de la mine que de la culture.

Le député. — Ceci est autre chose. Regardez-y à deux fois, et n'allez pas quitter une bonne industrie pour une médiocre.

L'homme au fer. — Pourtant, je voudrais bien ouvrir la mine. Il semble absurde de laisser ce fer sous terre, alors que nous passons notre temps à en importer. Seulement au prix où on l'importe actuellement, je ne vois pas d'aussi beaux bénéfices à cette affaire que j'en fais dans la culture. Je pensais que peut-être vous mettriez un droit à l'importation sur le fer, et que je retirerais davantage du mien. Et alors, peut-être pourrais-je quitter la culture et me donner tout à la mine.

Le député. — Vous ne savez pas à ce que vous demandez. Ce serait vous autoriser à mettre un impôt sur vos voisins, et rejeter sur eux les risques de l'exploitation de votre mine que vous n'osez courir vous-même.

L'homme au fer (*à part*). — Je n'ai pas parlé à cet homme-ci le langage qu'il fallait. Recommençons tout cela. (*Tout haut.*) Monsieur le député, nous devons développer les ressources naturelles de notre continent. Il importe de protéger l'industrie américaine. Le travailleur américain ne doit pas être forcé de subir la concurrence des travailleurs indigents de l'Europe.

Le député. — Ah! je vous entends. Voilà qui s'appelle parler affaires. Que ne disiez-vous cela plus tôt! Combien d'impôt vous faut-il?

La première fois qu'un acheteur de fer en saumons s'en va au marché pour en chercher, il trouve qu'il coûte trente boisseaux de blé par tonne au lieu de vingt.

« Qu'est-ce qui est arrivé au fer en saumons? demande-t-il.

— Comment! vous ne savez pas? est-il répondu, on a découvert une mine en Pensylvanie. Nous avons une nouvelle « ressource naturelle ».

— Ce n'est pas une « ressource naturelle » pour moi, dit-il. C'est aussi désastreux pour moi que si les sauterelles m'avaient dévoré le tiers de ma récolte. »

45. C'est là exactement ce que veut dire « une nouvelle ressource » dans la doctrine protectionniste. Nous avons eu le malheur de trouver de l'émeri dans le pays. Immédiatement, on a mis dessus un impôt, et une livre d'émeri coûte aujourd'hui plus de blé, de coton, de tabac, de pétrole ou de travail personnel qu'au-

paravant. Un nouveau malheur a fondu sur nous quand on a découvert sur notre territoire les mines de cuivre les plus riches du monde. Depuis ce temps-là, la livre de cuivre nous coûte cinq sous (aujourd'hui quatre) de plus qu'auparavant. Une nouvelle catastrophe fait qu'on découvre une mine de nickel ; immédiatement voici un impôt de trente sous (aujourd'hui quinze par livre).

Jusqu'à aujourd'hui, l'étain qu'il nous fallait, nous n'avons pas eu à l'extraire chez nous, grâce à ce que la bienfaisante nature s'est abstenu d'en déposer dans les entrailles du sol. Dans la cédule des métaux, où tous les métaux que nous avons le malheur de posséder sont imposés de 40 à 60 p. 100, l'étain seul est exempt de droits. A de courts intervalles, on fait courir le bruit que l'on a découvert de l'étain. Jusqu'ici heureusement ces bruits se sont trouvés faux. Voici qu'on dit maintenant qu'on en a découvert dans la Virginie occidentale et le Dkaota. Nous avons toutes sortes de raisons pour désirer ardemment que ce bruit soit faux ; car s'il était vrai, il n'y a pas de doute que la première chose qu'on ferait serait de mettre sur l'étain un droit de 40 p. 100. Les propriétaires de mines disent qu'ils veulent les exploiter. C'est inexact. Ils veulent se faire de la mine un prétexte à exploiter les contribuables.

46. Donc, quand les protectionnistes demandent si l'on ne doit pas, par des droits protecteurs, forcer le développement de nos mines de fer, il faut leur répondre que, sur leur propre doctrine, ils ont édifié un système philosophique inconnu jusqu'ici, d'après lequel les « ressources naturelles » deviennent des calamités nationales, et qui mesure les malheurs d'un pays à l'étendue des faveurs que lui a prodiguées la nature. Évidemment si la véritable sagesse ne consiste pas simplement à utiliser avec prudence et décision, toutes les circonstances favorables qui s'offrent spontanément à nous, mais à chercher des « voies favorisées ou créées par les lois », alors cette notion de

ressources naturelles va de pair avec leur philosophie, car elle ne se lasse pas de répéter que le gaspillage est la clef de la richesse.

G. *Examen de la proposition: Le protectionnisme élève les salaires.*

47. « Mais, dit-il encore, nous voulons élever les salaires et favoriser le pauvre manouvrier. — Prétendez-vous, répliqué-je, que des droits protecteurs élèvent les salaires, que c'est leur effet constant et régulier? — Oui, répond-il, c'est justement là leur effet, et c'est pourquoi nous les favorisons. Nous sommes les amis du pauvre. Vous autres, libre-échangistes, vous voulez le réduire au niveau des travailleurs indigents d'Europe.

« — Mais, dans l'enquête faite chez nous devant le Congrès, lors de la dernière discussion du tarif de douanes, les chefs d'industrie disaient tous qu'il leur fallait des droits protecteurs, justement parce qu'ils avaient à payer des salaires aussi élevés. — Eh bien! ne les paient-ils pas en effet? — Parfaitement. Mais s'il ont fait mettre un droit pour les sortir d'embarras, attendu qu'ils ont à payer des gages aussi élevés, comment ces droits vont-ils les y aider? Est-ce donc qu'ils vont abaisser les salaires? Mais vous prétendiez, vous, que ces droits les élèvent. Si donc le chef d'industrie a obtenu qu'on mît ces droits, il ne sera pas plus tôt arrivé de Washington chez lui, qu'il s'apercevra que ces mêmes droits qu'il a réclamés ont élevé les salaires. Il lui faut alors retourner à Washington pour faire surélever les droits afin de compenser cette supériorité des salaires; et, une fois rentré chez lui, il s'apercevra qu'il n'a fait qu'élever ces salaires encore davantage, et ainsi de suite. Vous prétendez apprendre à cet homme à se soulever lui-même par ses tirants de bottes. Vos deux propositions mises en face l'une de l'autre s'entre-dévorent. »

48. Poursuivons toutefois un peu plus loin l'examen de la doctrine protectionniste des salaires. Il est absolument faux que les droits protecteurs élèvent les sa-

laires. Comme je le démontrerai plus loin (§ 91 et suivants), des droits protecteurs abaissent les salaires. Mais en ce moment, je continue à adopter les prémisses et les doctrines des protectionnistes.

Ils disent que leur système élève les salaires. Allons trouver quelques-uns de ceux qui les touchent, et tâchons de faire la lumière sur ce point. Nous prendrons trois salariés : un ouvrier bottier, un ouvrier chapelier, un ouvrier drapier. Nous interrogeons d'abord le bottier. « Gagnez-vous quelque chose à ce tarif? — Oui, dit-il, je crois bien que j'y gagne. — Comment cela? — Ah! voici comment ils m'expliquent cela, eux : Quand quelqu'un a besoin d'une paire de chaussures, il va chez mon patron, lui paie un supplément de prix à raison du droit, et mon patron m'en donne ma part. — Parfaitement! alors vos camarades que voici, le chapelier et le drapier, paient ce droit dont vous avez votre part. — Oui, je le crois. Je n'y avais jamais réfléchi jusqu'ici. Je pensais que les riches payaient les droits, mais je réfléchis que quand ceux-ci achètent des souliers, ils doivent le payer aussi. — Et quand il vous faut un chapeau, vous payez le droit sur le chapeau ; et dans l'explication que vous donnez du système, votre camarade le chapelier touche une partie de ce droit; et quand il vous faut du drap, vous payez le droit qui va grossir le salaire de votre ami le drapier? — Je crois qu'il en est ainsi ».

Nous allons ensuite voir le chapelier et nous avons avec lui la même conversation; puis nous allons voir le drapier, et nous avons encore la même conversation. Chacun d'eux reçoit le droit deux fois et le paie deux fois. L'exemple de ces trois hommes éclaire toute l'affaire. Nous en prendrions mille dans mille industries, nous trouverions que chacun paie 999 fois le droit, et le touche 999 fois, si toutefois le système fonctionne de la façon qu'on prétend. Et la conclusion de tout cela? La voici. De deux choses l'une, ou bien les droits payés et touchés se balancent, ou bien certains salariés touchent quelque chose de plus que les autres, au détriment certain de la classe entière des salariés. Si chacun est créancier de 999 droits et débiteur de 999, et si le système fonctionne « universellement et également », nous pouvons nous épargner bien de la peine; ils n'ont tous qu'à faire sur leurs créanciers 999 mandats pour se payer à eux-mêmes leurs propres droits; et on établira une chambre de compensation où tous ces comptes s'annuleront.

Voici donc le résultat bien clair auquel nous aboutissons, quand le système fonctionne « universellement et également » : c'est que *chacun, en tant que consommateur, se paie des droits à lui-même en tant que producteur*. C'est cela qui doit nous rendre tous riches. Nous pouvons le faire tout aussi bien et beaucoup plus facilement, le matin quand nous nous levons, en faisant passer notre argent d'une poche dans l'autre.

49. Reste toutefois à éclaircir un point, et le plus important de tous. Que devient

le *millième* droit. Qu'est-ce qui se passe quand l'ouvrier bottier veut des bottes, le chapelier un chapeau, et le drapier du drap? Il s'en va au magasin de vente et achète à son propre patron au prix courant (droit compris), les mêmes objets qu'il a fabriqués dans l'atelier. Cette fois il paie le droit à son propre patron (*employer*), et le patron, d'après la théorie, le partage avec lui. Mais où est la compensation à cette part que garde le patron? Il n'y en a pas. Les salariés peuvent, dans l'explication protectionniste, donner ou recevoir entre eux, mais avec leurs propres patrons, ils donnent sans recevoir.

Quand viennent les élections, leur patron les fait appeler et leur dit de voter pour la protection, ou que, sans cela, il lui faudra fermer sa boutique ; et encore, qu'ils doivent voter pour la protection, puisqu'elle fait monter les salaires. Si donc ils croient au système et aux effets qu'on leur en a révélés, ils doivent croire que c'est grâce à lui que le patron leur donne de forts salaires, sur lesquels eux lui donnent en retour de forts droits, sur lesquels il leur donne également en retour une fraction quelconque; et ils doivent croire que, sans cette combinaison, les affaires ne pourraient pas aller du tout. Mais un peu de réflexion montre que cette combinaison ne peut soulever pour le salarié qu'une seule question : « *Quelle somme puis-je consacrer à payer mon patron pour qu'il m'emploie?* » ou encore, ce qui est juste la même chose sous une autre forme : « *De combien exactement ce système réduit-il mon salaire au-dessous du prix moyen* qu'amènerait le système de la liberté? » (V. § 65).

50. N'oublions pas que nous aboutissons à ce résultat en acceptant le protectionnisme et en raisonnant sur ses doctrines et d'après ses principes. Dans la réalité, les employés ne reçoivent aucune part dans les droits que leur patron lève sur eux et sur les autres (V. § 91 et suivants, la vérité sur la question des salaires). Évidemment, quand on analyse à

fond un sujet, celui-là ou un autre, il importe peu par où l'on commence et quel chemin on prend : on doit toujours arriver au même résultat si ce résultat est exact. Nous avons accepté l'explication que donnent les protectionnistes de la manière dont la protection élève les salaires, et nous constatons que ce que prouve cette explication, c'est que la protection abaisse les salaires.

H. *Examen de la proposition : Le protectionnisme empêche la concurrence des travailleurs étrangers indigents.*

51. Les protectionnistes disent qu'ils ne veulent pas que le travailleur américain subisse la concurrence du « travailleur indigent » étranger (V. § 99). Ils présument que si par exemple le travailleur étranger est un ouvrier de l'industrie lainière, le seul Américain qui puisse avoir à subir sa concurrence est un ouvrier de notre industrie lainière. Leur plan, pour préserver nos ouvriers de cette prétendue concurrence, consiste à frapper le pro-

ducteur américain de blé ou de coton dans le drap qu'il porte, afin d'offrir à l'ouvrier lainier un dédommagement et une compensation du désavantage auquel est exposé son travail. Si donc la situation était ce que prétendent les protectionnistes, et si le remède était efficace, ils auraient, en fin de compte, simplement permis à l'ouvrier de l'industrie lainière américain de se soustraire, en les rejetant sur nos producteurs de blé ou de coton, aux conséquences fâcheuses de la concurrence du « travailleur étranger indigent. »

I. *Examen de la proposition : Le protectionnisme agrandit l'étalon du confort public.*

52. Mais les protectionnistes affirment à nouveau qu'ils veulent mettre notre pays dans l'aisance, et répandre la prospérité dans toutes les classes ; et ils disent que leur système fait tout cela. Ils disent que le pays a prospéré sous le régime protecteur, et grâce à lui. Ils extraient du

census les chiffres qui traduisent l'accroissement de la richesse du pays, et, pour ne pas signaler de moindres erreurs, ils en tirent cette conclusion que nous avons prospéré *plus que nous ne l'aurions fait avec le libre-échange*, ce qui est justement la chose à prouver. Ils ne remarquent pas que le second terme de la comparaison fait défaut et ne peut pas être fourni. C'est le raisonnement qu'une fois j'ai entendu tenir à un homme qui, se basant sur des statistiques, tirait argument des faibles ravages du feu dans son pays pour démontrer que l'organisation des secours contre l'incendie y coûtait trop cher. Je lui ai demandé s'il possédait les statistiques des incendies qui, faute de secours, auraient probablement éclaté (§ 102).

53. Le peuple des États-Unis a obtenu en partage un continent vierge. La génération actuelle moissonne à pleines mains (1) sur un sol de prairie qui n'a ja-

(1) *Bonanza farming.* C'est l'exploitation première du sol vierge sur une grande échelle

mais porté récolte. La population n'y est que de 15 habitants par mille carré. La population de l'Angleterre et du pays de Galles est de 446 habitants par mille carré; celle des Iles Britanniques est de 290; celle de la Belgique, de 481; de la France, de 180; de l'Allemagne, de 216. Bateman (1) estime que dans la partie la plus fertile de l'Angleterre ou du pays de Galles, il faudrait à un paysan propriétaire de 4 et demi à 6 acres (2 à 2 1/2 hectares), et dans la partie la plus médiocre de 9 à 45 acres (3 1/2 à 18 hectares), pour faire vivre « une famille à l'aise ». Le sol de l'Angleterre et du pays de Galles, partagé également entre les familles qui

(10,000 acres par exploitation). C'est un système qui ne va pas sans gaspillage, et qui sera remplacé par un procédé de culture plus serré quand on aura enlevé la première *crême* de la richesse du sol. Son nom lui vient de ce fait que le sol vierge est traité comme on traiterait un riche gisement de minerai (*bonanza*), en se hâtant de prendre d'abord les gros morceaux sans faire attention aux petites parcelles qui coûtent plus de peine.

(1) Broderick, *English land and English landlords*, p. 194.

y vivent, ne donnerait que 7 acres (4 h. 20 ares) à chacune. Le sol des États-Unis, partagé également entre les familles qui y vivent, donnerait à chacune 215 acres (86 hectares).

Ces nations déjà anciennes nous fournissent l'autre terme de la comparaison qu'il nous faut pour mesurer notre prospérité. Elles ont une population dense sur un sol cultivé depuis des milliers d'années; nous avons une population extrêmement disséminée sur un sol vierge. Nous avons un climat excellent, des montagnes riches en charbon et minerai, des voies naturelles par nos fleuves et nos lacs, et une côte toute dentelée de détroits, de baies et de quelques-uns des meilleurs ports du monde. Nous avons aussi une population d'un heureux génie national, spécialement quant aux qualités économiques et industrielles. Les sciences et leurs applications sont cultivées chez nous avec succès, et nos institutions sont les mieux appropriées au développement de la puissance économique. Comparés aux vieilles nations, nous sommes prospères. Survient l'homme d'État protectionniste, qui dit : « Toutes ces choses que vous avez énumérées ne sont pas les causes de notre prospérité relative. Ces choses sont impuissantes. Notre prospérité ne vient pas d'elles. Cette prospérité, c'est moi qui l'ai créée avec mes impôts. »

54. (*a*) En premier lieu, le fait est que les nations que nous dépassons le plus en prospérité sont celles qui nous ressemblent le plus par leur système d'impôts, et que celles avec qui la comparaison de notre prospérité nous donne le moins d'avantage sont celles qui ont, par le libre-échange, compensé autant que possible les désavantages de l'âge et de la densité de la population. Si donc, nous rencontrons la plus grande différence dans la prospérité avec la moindre différence dans les impôts, et la moindre différence dans la prospérité avec la plus grande différence dans les impôts, nous ne pouvons pas considérer les droits protecteurs comme une cause de prospérité,

mais plutôt comme un obstacle à la prospérité, obstacle qui, chez nous, a dû être surmonté par une force supérieure. Telle est la situation, l'aspect des faits le démontre. La prospérité dont nous jouissons est celle que nous ont donnée Dieu et la nature, *moins ce que nous en a pris le législateur*.

55 (*b*.) Nous prospérions avec l'esclavage, juste comme nous avons continué de prospérer avec la protection. Attribuer au premier cette prospérité serait un raisonnement tout aussi bon que de l'attribuer à la seconde.

56 (*c*.) Les protectionnistes mettent à leur crédit tous les progrès dans les arts que nous avons faits depuis ces vingt-cinq dernières années, parce qu'ils ne les ont pas entièrement contrebalancés et anéantis.

57 (*d*.) Les protectionnistes prétendent avoir augmenté notre richesse. Toute la richesse produite l'a été forcément par le travail et le capital appliqués à la terre. Le peuple a travaillé et a produit. Le per-

cepteur n'a fait qu'en retrancher une partie. Qu'il en ait fait bon ou mauvais usage, il l'a retranchée. Et il ne pouvait faire que cela. Donc, tout ce que nous voyons de richesse autour de nous, et tout ce qu'en révèle le *census* est ce que le peuple a produit, moins ce que le collecteur d'impôts en a enlevé.

58 (*e.*) Si les membres du Congrès ont le pouvoir d'abord de se faire un idéal quelconque du degré de confort dont la moyenne des citoyens américains devraient jouir, et ensuite de la leur procurer, ils ont fait jusqu'ici de ce pouvoir l'emploi le plus misérable. La situation moyenne de notre pays est, il est vrai, comparée à celle d'autres pays du globe, assez élevée; mais, comparée avec n'importe quel type de confort idéal, elle laisse beaucoup à désirer. Si le Congrès a ce prétendu pouvoir, assurément il n'en devrait pas user pour nous donner à peine un peu plus d'aisance que n'en ont les Européens.

59 (*f.*) Pendant la dernière campagne

présidentielle, les orateurs protectionnistes allaient dans le peuple, l'assurant qu'ils prétendaient leur donner à tous l'aisance, qu'ils désiraient les voir prospères, satisfaits, etc. Moi aussi je le désire, je souhaite que tous mes lecteurs soient millionnaires. Je leur fais très volontiers et en toute sincérité cadeau de mes bons souhaits. Ils ne trouveront pas, de ce chef, un sou de plus dans leurs poches. Nos députés n'ont pas, pour bénir mes lecteurs, de pouvoir que je n'aie : sauf un, celui de les frapper de l'impôt.

60 (*g.*) Si les députés sont déterminés à élever le confort de la population en chargeant d'impôts cette population, alors chaque navire chargé d'émigrants doit être regardé comme leur fournissant un nouveau groupe de gens à « élever » au moyen des impôts que nous avons à payer. On raconte qu'un Irlandais disait qu'un dollar en Amérique ne valait pas plus qu'un shilling en Irlande. Pourquoi alors ne pas rester en Irlande ? « C'est répondit-il, que là-bas, je ne pouvais pas

gagner ce shilling. » C'est là une bonne histoire, seulement, elle s'arrête où elle devrait commencer. La question qui vient après, la voici : Comment gagne-t-il le dollar, une fois en Amérique? Les protectionnistes voudraient nous faire croire qu'il le gagne par la grâce du tarif. Si cela est, il l'extorque à ceux qui étaient ici avant son arrivée. Mais, en réalité, rien de cela n'est vrai. Il le gagne à travailler, et, en travaillant à le gagner, il ajoute deux dollars à la richesse du pays. Tout ce que fait le tarif à cet égard, est, s'il dépense son dollar en produits manufacturés, d'en abaisser le pouvoir d'achat à trois francs cinquante.

61. Ici encore, nous constatons donc que les droits protecteurs, s'ils fonctionnent comme le prétend le protectionniste, produisent l'effet exactement opposé à celui qu'il avait annoncé. Ils amoindrissent la richesse, réduisent la prospérité, restreignent le confort moyen, et diminuent l'étalon des salaires, dont nous vivons. (V. § 30).

CHAPITRE III

EXAMEN CRITIQUE DU PROTECTIONNISME

62. Jusqu'ici, j'ai examiné le protectionnisme comme une philosophie de la richesse nationale, entrant, sans les discuter, dans ses propres doctrines, et les suivant jusqu'au bout pour voir si elles produiront les effets qu'on leur attribue. Nous avons constaté qu'il n'en est rien. Le protectionnisme, en s'en tenant à ses propres doctrines, aboutit à l'appauvrissement de la nation et à un échec complet dans tout ce qu'il prétendait faire. A l'inverse, un examen minutieux de ses moyens, de ses méthodes, de ses plans et de son but montre qu'il doit amener le gaspillage et la ruine ; de telle sorte que, s'il disait vrai, nous devrions croire que le gaspillage et la ruine sont le chemin de la richesse.

Maintenant je change de tactique et vais l'attaquer de face, lui faire publiquement son procès. Car tout projet qui, malgré les efforts de ses partisans, est, après un examen libre et impartial, démontré s'appuyer sur des erreurs de fait et de doctrine, devient un danger et un fléau qu'il faut exposer et combattre, et auquel il importe d'opposer la vérité des faits et de la doctrine.

I. — LE PROTECTIONNISME EXPLIQUE ET DÉTERMINE NÉCESSAIREMENT UN SENTIMENT D'HOSTILITÉ OU TOUT AU MOINS DE SUSPICION CONTRE LE COMMERCE.

A. *Règles pour savoir quand il est sage de faire le commerce.*

63. Tout protectionniste est forcé de regarder le commerce comme une chose pernicieuse ou tout au moins incertaine. Les protectionnistes ont même tenté de formuler des règles pour déterminer quand le commerce est profitable et quand il est nuisible.

64. On a dit qu'il ne faut faire le commerce que sur les méridiens de longitude et non sur les parallèles de latitude (1).

65. On a affirmé que nous ne pouvons faire le commerce avec sécurité qu'en ayant des droits pour compenser exactement les bas salaires des pays étrangers. Mais il est évident que voici de part et d'autre la situation. Le patron américain se dit : « J'ai une infériorité vis-à-vis de mes concurrents étrangers, car ils paient moins de salaires que moi. » Mais, en revanche, se basant sur les mêmes arguments, l'ouvrier américain dira : « J'ai une supériorité sur mon camarade étranger, car j'ai des salaires plus élevés que lui. » Maintenant, survient une loi qui modifie cet état de choses. Le patron a le droit de dire : « J'ai maintenant moins de désavantage vis-à-vis des concurrents étrangers parce que les salaires que je paie maintenant ne sont pas aussi supé-

(1) Les pays de même latitude auraient mêmes produits et même puissance de production. Alors, pourquoi faire le commerce ?

rieurs qu'autrefois à ceux qu'ils paient eux-mêmes. » Mais, par la même raison, l'ouvrier américain doit dire : « Je n'ai plus autant de supériorité qu'autrefois sur mon camarade étranger, car mon salaire n'est pas autant qu'autrefois plus élevé que le sien ; il n'y a pas maintenant autant d'avantage qu'autrefois à immigrer dans ce pays. »

Donc, toutes les fois que les droits compensent exactement l'inégalité dans les salaires, *ils retirent exactement au travailleur américain toute sa supériorité sur le travailleur étranger*, et lui enlèvent toute raison de désirer venir dans ce pays. Voilà pour l'ouvrier. Quant au patron, s'il a entravé l'immigration, il a tari une des sources qui fournissent le travail, il prépare ainsi une élévation des salaires, et par là se fait la guerre à lui-même (§ 47.)

66. On a dit que deux nations ne peuvent faire d'affaires ensemble, *si le taux de l'intérêt diffère de* 2 *p.* 100. Le taux de l'intérêt dans les États de l'Atlantique et dans la vallée du Mississipi, a toujours

différé de 2 p. 100; ils ont toujours fait des affaires ensemble sous le régime du libre-échange absolu, et la vallée du Mississipi, qui a débuté par être un désert, s'est, en dépit de cet état de choses, élevée au plus haut degré de civilisation.

67. On a dit que nous ne devrions *faire d'affaires qu'avec les nations inférieures.* Or, les États-Unis ne font d'affaires avec aucune nation étrangère, sauf quand ils achètent un territoire. Dans la pratique, A, habitant des États-Unis, fait des affaires avec B habitant d'un autre pays. S'il me faut du caoutchouc, je suis forcé de m'adresser à un sauvage des forêts de l'Amérique du Sud. S'il me faut de l'acajou, je suis forcé de m'adresser à un habitant du Honduras. S'il me faut du sucre, je suis forcé de m'adresser à un habitant de Cuba. S'il me faut du thé, je suis forcé de m'adresser à un habitant de la Chine. S'il me faut de la soie ou du champagne, je suis forcé de m'adresser à un habitant de la France. S'il me faut un rasoir, je suis forcé de m'adresser à

un habitant de l'Angleterre; je suis forcé de m'adresser à celui qui a la chose qu'il me faut, de la meilleure qualité et au plus bas taux d'échange avec mes produits. Quelle est la définition ou le signe d'une « nation inférieure », et qu'est-ce que cela a à faire avec le commerce plutôt que la race, la langue, la couleur, ou la religion de celui qui a les marchandises dont j'ai besoin?

68. Si le commerce était un objet de soupçons ou de crainte, il est certain qu'il nous faudrait avoir des règles pour distinguer le commerce sûr et profitable du commerce dangereux. Mais les seules tentatives de formuler la définition et la distinction montrent la folie de ces soupçons.

Nous savons que les hommes primitifs, qui habitaient les casernes à l'époque glaciaire, faisaient déjà le commerce. Les premiers sauvages se frayaient à travers les forêts des sentiers par lesquels ils faisaient le trafic et le commerce, et y trouvaient des avantages réciproques. Ils s'aperçurent qu'ils pouvaient, grâce au commerce, satisfaire plus de besoins avec moins de peine; qu'il leur donnait leur part dans les richesses de la nature, et les faisait profiter de l'industrie de leurs semblables. Ils élevèrent des bêtes de somme, améliorèrent leur routes, inventèrent les chariots et les bateaux, tout cela pour étendre et faciliter le commerce. Ils étaient assez fous pour croire que cela était tout bénéfice, et *ignoraient qu'ils avaient besoin d'un tarif protecteur pour les empêcher de se réunir*. Si cela n'est pas, pourquoi alors quelque sociologie protectionniste ne nous dit-elle pas à quel degré de civilisation le commerce cesse d'être avantageux, et commence à exiger des entraves et des règlements ?

B. *Pas d'unités nationales; des unités économiques.*

69. Les protectionnistes disent que leur système fait avancer la civilisation d'un État et le rend puissant; mais les faits sont tous contre eux (V. § 136 et suiv.). C'est jusqu'ici par le commerce que la civilisa-

tion s'est répandue sur toute la terre. C'est par le contact du commerce que les nations plus civilisées ont transmis aux autres l'alphabet, les poids et les mesures, la science de l'astronomie, les divisions du temps, les instruments et les armes, la frappe des monnaies, les systèmes de numération, le traitement des métaux, des peaux et de la laine, et toutes les conquêtes de la science et de l'esprit d'invention qui forment les bases de notre civilisation.

D'autre part, les nations qui se sont enfermées et qui ont développé une civilisation indépendante se suffisant à elle-même, nous présentent les types d'une civilisation arrêtée et d'un état social stéréotypé. C'est le châtiment de leur isolement volontaire, et de leur refus de participer à ces échanges qui, à vrai dire, unissent ensemble la race humaine toute entière, qu'un peuple aussi intelligent que les Chinois et aussi heureusement doué, ait trouvé sa prodigieuse activité bornée de tous côtés par d'étroites limites. Ils inventent la monnaie, mais ils n'ont jamais été au delà d'une monnaie de cuivre fondu. Ils inventent la poudre à canon, mais ils ne savent pas faire un canon. Ils inventent des caractères mobiles, mais ils ne connaissent que l'imprimerie rudimentaire. Ils découvrent la boussole marine, mais ils en restent à l'enfance de la construction maritime.

70. En réalité le commerce a été le serviteur de la civilisation. Il a franchi les frontières de chaque pays, et graduellement, grâce au perfectionnement de l'industrie des transports, il a amené la race humaine à entretenir des relations plus étroites, et à mieux concilier ses intérêts. Heureusement le contact du commerce sape les vieux préjugés nationaux, les vieilles haines de religions ou de races. Les jalousies que perpétuaient l'ignorance et l'éloignement ne peuvent pas tenir contre le rapprochement et la connaissance intime. Arrêter le commerce, c'est entraver cette œuvre bienfaisante ; c'est séparer le monde en sectes et en fac-

tions, et favoriser la discorde, la jalousie et la guerre.

71. Tel est le résultat du protectionnisme. Les protectionnistes font grand bruit de leur prétendu « nationalisme », et ils essayent de faire accepter l'idée d'une relation quelconque entre le développement des forces économiques et les frontières des nations existantes. L'argumentation s'écroule fatalement dès qu'on y touche. Il y a un point qu'ils auraient pu mettre en lumière, c'est que le développement des forces économiques, dans un centre donné d'industrie, forme des unités économiques. Un comté anglais d'il y a cent ans était une unité de ce genre, mais je me demande si on pourrait aujourd'hui regarder comme tel un centre autre que la terre tout entière, dans un temps où la laine de l'Australie, les peaux de l'Amérique du Sud, le coton de l'Alabama, le blé du Manitoba, et la viande du Texas vont s'offrir aux travailleurs de Manchester et de Sheffield, et s'offriraient de même à ceux de Lowell

et de Paterson, si on débarrassait leur route des barrières qui l'obstruent.

Mais ce qu'il faudrait demander au protectionniste nationaliste de démontrer, c'est que l'unité économique coïncide avec l'unité politique. Il lui faudrait alors affirmer que le Maine et le Texas appartiennent à une même unité économique, mais non pas le Maine et le Nouveau-Brunswick; ou encore que le Massachusetts et le Minnesota appartiennent à la même unité économique, mais non pas le Massachusetts et le Manitoba. Chacun de nos États est le résultat d'un incident historique. M. Jefferson résolut d'acheter la ville de la Nouvelle-Orléans. Il s'éveilla un matin pour s'apercevoir qu'il avait acheté en même temps la moitié occidentale de la vallée du Mississipi. Les choses ayant ainsi tourné nos protectionnistes admettent que le Missouri et l'Illinois peuvent prospérer (1) bien que

(1) Ceci était déjà composé, quand j'ai, pour la première fois, rencontré cet argument d'un protectionniste, qu'il serait ou pourrait devenir désirable

le commerce entre eux soit entièrement libre. Si les choses avaient tourné autrement, il aurait été pour eux désastreux de faire le commerce avec une liberté égale.

La Nouvelle-Écosse n'a pas pris part à la révolte des treize colonies (1). C'est pourquoi on considère comme ruineux de laisser entrer librement chez nous le

d'établir entre nos divers États un tarif douanier. Il est dû à l'*Inter-Ocean* de Chicago, et marque l'extrême limite atteinte, jusqu'ici, par le fanatisme et la folie protectionnistes. Il est d'ailleurs parfaitement en harmonie avec le protectionnisme et en met à nu l'esprit et l'essence.

« A l'intérieur même des États-Unis, la grève actuelle dans l'industrie du fer, grève sinistre et inquiétante qui jette sans travail de 75,000 à 100,000 hommes, est un exemple frappant des tendances de ce pays-ci à organiser le commerce dans des conditions qui amèneront les Etats individuellement, et certaines sections de notre pays, à réclamer une législation, les protégeant contre le bon marché de la main-d'œuvre dans les autres États, et contre la supériorité de leurs avantages naturels. » Pour guérir le mal que font les droits à notre commerce extérieur, il n'y a évidemment qu'à en mettre quelques autres sur notre commerce intérieur.

(1) Qui ont formé les trois premiers États-Unis.

charbon et les pommes de terre de la Nouvelle-Écosse. Si elle s'était révoltée avec nous, il aurait été profitable à toute l'Union de faire le commerce librement avec elle, comme nous le faisons maintenant avec le Maine. Nous avons essayé en 1812-13 de conquérir le Canada, et nous avons échoué. Conséquemment, les Canadiens mettent des droits sur nos charbons, notre pétrole et notre blé, et nous mettons, nous, des droits sur leurs charpentes qui sont indispensables à nos charbonnages et à nos mines de pétrole. En 1845, nous nous sommes annexé le Texas, à prix de guerre. Conséquemment nous faisons avec le Texas le commerce en toute liberté; mais avec le Mexique, notre commerce ne saurait être fait avec trop de précautions et sous de trop strictes réglementations. Est-ce là de la sagesse? ou n'est-ce que de la folie pure et une pernicieuse obstination grâce à laquelle des hommes qui s'enorgueillissent de leur intelligence s'enlèvent eux-mêmes toutes leurs chances (1)?

(1) Ceci était composé quand un ordre du minis-

72. Le commerce est chose bienfaisante. Il n'à besoin ni de restrictions ni de réglementations. Il n'y a pas de degré auquel il commence à être dangereux. Il est une source d'avantages réciproques. Quand il cesse d'avoir ce caractère, il cesse entièrement ; car celui qui ne gagne plus à le faire, ne le fait pas plus longtemps (V. § 125).

II. — LE PROTECTIONNISME EST L'ENNEMI DU PROGRÈS.

73. Les villes du Japon sont bâties de matériaux très combustibles et quand le

tère des finances a soumis toutes les marchandises venant du Canada, à quelque titre que ce soit, aux mêmes droits que les marchandises importées chez nous (*commerce spécial*), quand bien même elles iraient du Minnesota en Angleterre. La nature avait donné à l'homme trop de facilités. Les habitants de l'Amérique du Nord ne se contentent pas de détruire leurs chances, ils se divisent en deux corps artificiels qui tentent de se nuire l'un à l'autre. On dépense des millions pour percer un isthme là où la nature l'a mis, et on dépense plus de millions encore pour élever, à force de droits, une barrière là où la nature avait mis une grande route.

feu s'y met il est rare qu'on puisse l'arrêter avant la destruction totale de la ville. On a suggéré qu'une pompe à vapeur contre l'incendie y aurait son maximum d'utilité. Il en fut importé une, et, à diverses reprises, elle fut trouvé très utile. Là-dessus, les charpentiers adressèrent une pétition au gouvernement pour qu'il fît réexpédier cette pompe, attendu qu'elle ruinait leur commerce.

74. L'exemple est grotesque et exagéré. mais il est strictement d'accord avec le principe du protectionnisme. Il y a un siècle, les comtés Sud de l'Angleterre protestèrent contre l'ouverture de la grande route du Nord, parce qu'elle allait amener les produits des comtés Nord sur le marché de Londres, dont les comtés Sud avaient eu le monopole.

Quand le Saint-Gothard fut percé, les habitants de l'Allemagne du Sud demandèrent au gouvernement d'élever les droits sur les produits italiens pour compenser le bon marché que déterminait le tunnel.

En 1837, les deux premiers steamers qui aient jamais traversé l'Atlantique dans un but commercial arrivèrent en même temps. On en fit de grandes fêtes à New-York. Le peuple insensé se réjouissait comme s'il avait obtenu une nouvelle bénédiction. L'homme remportait un nouveau triomphe sur la nature. Quel en serait le bénéfice ?

Il savait qu'il pourrait satisfaire ses besoins avec moins de peine qu'auparavant ; ou, en langage vulgaire, acheter les choses meilleur marché. Mais, en 1842, il se tint à New-York un Congrès de l'industrie nationale, où la première raison qu'on allégua pour expliquer la nécessité des droits, c'est que la navigation à vapeur avait abaissé chez nous les prix de toutes choses. Il fallait des droits pour neutraliser le progrès.

A. *Droits pour compenser le bon marché des transports.*

75. Pendant les vingt-cinq dernières années, pour ne pas remonter plus haut,

nous avons multiplié les inventions qui facilitent les transports. Les câbles sous-marins, les machines perfectionnées, les bateaux à hélice, etc., etc., n'ont été que des moyens perfectionnés de satisfaire plus largement les besoins des habitants des deux continents par l'échange des produits l'un de l'autre. Les publications techniques et les journaux quotidiens vantent à chaque instant ce développement comme une chose dont il faille se glorifier et se réjouir; mais, en même temps, les législateurs des deux côtés de l'Atlantique travaillent avec acharnement à le neutraliser à force d'impôts.

Nous, aux États-Unis, nous avons sur tout ce que fabriquent les autres et dont nous avons besoin, multiplié des taxes monstrueuses, pour empêcher qu'on ne nous l'apportât. Les gouvernements européens mettent des droits sur nos viandes et nos blés, pour empêcher qu'on ne les apporte à leur ressortissants. La science nous rapproche; les droits de douane veulent nous tenir séparés.

En France, par exemple, les agriculteurs se plaignent de la concurrence américaine; ce qu'ils en redoutent ce n'est pas le bon marché de sa main-d'œuvre, mais son sol qui ne lui coûte rien et la lumière du soleil. Ils ne veulent pas que l'artisan français ait le bénéfice de notre sol de prairie. Le gouvernement leur cède, et met un droit sur notre viande et notre blé. Ce droit fait monter le prix du pain à Paris, où les immenses travaux de construction ont concentré une population ouvrière considérable. Le gouvernement se trouve alors amené à fixer le prix du pain pour l'empêcher de monter. Mais cette sorte de reconstruction de la cité n'a pu être menée à bien qu'en contractant une lourde dette, qui implique de lourds impôts. Ces impôts ont chassé la population dans la banlieue, et alors il s'est élevé au moins une voix, celle d'un propriétaire de maisons à Paris, pour soutenir qu'il faudrait mettre sur les habitants de la banlieue un impôt qui les ramenât dans la ville (1) et ne pas leur per-

(1) *Journal des économistes*, mars 1885, p. 496.

mettre de déjouer les efforts du propriétaire urbain qui veut rejeter sur eux le poids de l'impôt.

Autre exemple : La France donnait des subventions à sa marine; quand vint la question de renouveler ces subventions, on opposa que les bâtiments, subventionnés aux frais du contribuable français, avaient avili les frets du blé et le prix même de ce blé; c'est-à-dire, comme on en fit très justement la remarque, qu'ils avaient précisément accru le péril qu'on avait tenté de conjurer par une augmentation des droits sur le blé. Aussi le contribuable avait été frappé deux fois par l'impôt, la première en vue d'abaisser le prix du blé, et la seconde en vue de le faire monter.

76. Taxons A pour favoriser B. Si A se plaint, taxons C pour dédommager A. Si C se plaint, taxons B, pour avantager C. Si l'un d'eux se plaint encore, recommençons tout à nouveau. Taxons-les aussi longtemps qu'il y aura une voix pour se plaindre, tant qu'il y aura quelqu'un pour

désirer quelque chose. C'est là la science du gouvernement dans le dernier quart du dix-neuvième siècle.

77. Bismarck, lui-même, se met à la besogne. Il gouverne un peuple qui vit sur un sol maigre, et doit porter le fardeau d'un système militaire écrasant. L'émigration s'accroît dans une proportion anormale. Contre cela, le remède de Bismarck consiste à mettre des droits protecteurs sur le lard, le blé et le seigle d'Amérique. Cela protégera l'agriculture allemande. Si l'effet en est de diminuer encore le confort de ceux qui achètent de ces aliments, et d'en chasser un plus grand nombre hors de leur patrie, il cherchera alors à acquérir des colonies à prix d'argent ou par les armes, à coup sûr aux frais de ces agriculteurs allemands qu'il a précisément voulu protéger, bien que le reste de la population allemande se soit, dans ces trente dernières années, tirée d'affaire toute seule sans demander d'assistance ni donner d'inquétude. Qu'est-ce que l'Allemagne pourra bien gagner à détourner

ses émigrants vers des colonies à elle? Elle ne peut évidemment que vouloir contraindre les hommes valides qui les habiteront à venir combattre avec elle dans ses guerres futures? Si c'est là son intention, ses émigrants n'iront point dans ses colonies.

78. La France aussi remet en vigueur la vieille politique coloniale des avantages différentiels et des entraves compensatrices. Elle possède déjà l'Algérie, qui est le meilleur exemple d'une colonie qu'on a pour avoir une colonie. On a affirmé dans les Chambres françaises que chaque famille française qui vit actuellement en Algérie a coûté au gouvernement, (c'est-à-dire au contribuable français) 25,000 francs (1). L'ambition que montre ce pays d'avoir des « colonies » ressemble à l'envie qu'a un dandy nègre d'avoir une canne ou un chapeau à haute forme pour ressembler à un gentleman blanc.

(1) Correspondant parisien de l'*Evening-Post* de New-York, 9 février 1884.

B. *Les primes au sucre.*

79. Mais l'affaire la plus désastreuse est celle du sucre. Longtemps les protectionnistes se sont glorifiés du sucre de betterave comme d'un triomphe de leur système. Actuellement, c'est une industrie dans laquelle on a, sur le continent, fait d'immenses placements de capitaux. Mais le bon marché du transport du sucre de canne, et les perfectionnements dans la manière de traiter la canne elle-même, sont pour cette industrie une perpétuelle menace. Dans le *Bradstreet's* du 28 juin 1885, il est fait mention d'un important perfectionnement de la canne, lequel a été découvert à Berlin. L'Allemagne a un droit de régie sur le sucre de betterave, mais elle accorde, sur ce sucre à l'exportation un drawback plus considérable que le droit. Cela fait l'effet d'une prime que paierait à l'exportation le contribuable allemand. En conséquence, le sucre de betterave se montre jusque sur nos marchés. Toutefois son marché principal

est l'Angleterre. La conséquence, la voici : c'est que le sucre qui vaut neuf sous la livre en Allemagne, et sept sous chez nous, n'en vaut que cinq en Angleterre ; et que la consommation annuelle s'établit comme il suit (1) : Angleterre, 67 livres 1/2 ; États-Unis, 51 livres ; Allemagne, 12 livres.

Je rencontre parfois de la difficulté à faire comprendre aux gens la différence qu'il y a entre avoir besoin d'une « industrie », et avoir besoin de ses produits. Cet exemple-ci devrait rendre limpide cette distinction. Très évidemment, ce sont les Allemands qui ont l'industrie et les Anglais qui ont le sucre.

80. Cependant cette prime d'exportation n'a pas plus tôt commencé à fonctionner en Allemagne, que voici les raffineurs de sucre autrichiens qui assiègent leur gouvernement pour savoir si l'Allemagne doit avoir le monopole de donner du sucre à l'Angleterre (2). Ils obtiennent une prime, et

(1) *Economist*, revue commerciale, 1884, p. 15.

(2) Le correspondant viennois de l'*Economist* écrit le 15 juin 1885 : « Les représentants de l'in-

briguent ce privilège. Alors les raffineurs français disent qu'ils ne peuvent plus lutter et qu'il faut les mettre à même de donner, par privilège, du sucre aux Anglais.

80 (*bis*). Il m'a été plus difficile, comme cela arrive généralement, de trouver des documents officiels sur le commerce et l'industrie de notre pays que sur ceux des pays étrangers. Nous aussi, quoique nous ne fassions pas de sucre de betterave, nous avons notre part dans cette folie des primes. C'est ce que l'on voit par l'exposé suivant, qui me parvient juste à temps pour le but que je me propose (1). « L'exportation de sucre raffiné (des États-Unis) consiste uniquement en sucres solides, ou, pour être plus explicite, en sucre en pains, sucre en poudre et sucre cristallisé. Le drawback sur cette classe de sucre est très

dustrie sucrière ont adressé au ministre des finances une pétition demandant, surtout, que l'on conservât la prime à l'exportation, sans laquelle, disent-ils, ils ne peuvent continuer à vivre, et qui existe dans tous les pays où il y a une industrie de sucre de betterave.

(1) *Bradstreet's*, 25 juillet 1885.

considérable : c'est ce qui met les raffineurs à même de le vendre au-dessous du prix coûtant. L'impôt le plus fort qu'on puisse lever sur le sucre pesant 99° n'est que de 2^{d},36 cents (par 100 livres), tandis que le drawback sur le sucre cristallisé, pesant autant de degrés, et même en pesant moins, s'il s'agit de sucre en poudre et en pains, n'est que de 2^{d},82 cents, avec une déduction de 1 p. 100. C'est donc exactement, par 100 livres, 43 sous de plus que l'impôt ne rapporte au gouvernement. Mais il est très rare qu'on importe du sucre brut pesant 99°, et on en n'importe jamais pour le raffiner. La table suivante donne le chiffre de l'impôt levé sur la moyenne des degrés usités dans la raffinerie.

	Degré.	Impôt
Raffiné ordinaire, pesant..	89	1 d. 96 cents
— — — ..	90	2 » 00 »
Raffiné centrifuge, — ..	96	2 » 28 »
Sucre de betterave, — ..	88	1 » 92 »

Ces chiffres montrent clairement qu'avec un drawback net de 2^{d},79 cents sur le sucre solide, nos raffineurs peuvent vendre aux étrangers, avec le secours du Trésor, du sucre au-dessous du prix coûtant. Prenons comme exemple le prix net du centrifuge pesant seulement 97°, et le prix net du sucre cristallisé moins le drawback.

Sucre brut centrifuge pesant 97°.	6.00	
A retrancher le droit............	2.28	
Prix net................		3.72
Cristallisé raffiné pesant 99°......	6.37 1/2	
A retrancher le drawback........	2.71	
Prix net................		3 66 1/2
		6 1/2

Rien ne saurait démontrer plus clairement que ceci l'absurdité du taux actuel de ce drawback. Un raffineur qui achète 100 livres de sucre brut pesant 2° de moins le paie 6 sous 1/2 de plus qu'il ne vend le sucre raffiné, et qu'il le vend non pas aux consommateurs américains, mais aux étrangers. Après avoir payé les frais de raffinerie à l'aide d'un drawback qui correspond certainement à une subvention de 50 sous par 100 livres, nos grands menopolisateurs sucriers reçoivent assistance du gouvernement pour augmenter le prix du sucre à l'égard du consommateur américain. Une seule maison tient en ses mains presque tout le commerce du sucre dans les États de l'Est; et, en tous cas, on peut affirmer sans crainte que le commerce de tout le pays est entre les mains des trois maisons, et que le Trésor encourage ce monopole en maintenant les prix contre l'intérêt du pays tout entier.

Jusqu'à aujourd'hui, les exportations de sucre se sont élevées à 83,340 tonnes, qui à 50 sous par 100 livres ont coûté au Trésor 830,000 dollars (plus de 4,150,000 francs). Cette somme a pu ne pas entrer toute dans la poche des raffineurs; les armateurs en ont eu leur part; mais ce qui est sûr c'est que le Trésor l'a perdue. En outre, la prime pèse durement sur les consommateurs. Non seulement ils ont à supporter l'impôt, mais lors de la dernière hausse, ils ont dû payer le sucre plus cher que cela n'eût dû être normalement : cela parce que les demandes de l'exportation activées par les ventes au-dessous du prix de revient, que permet de faire aux étrangers la bonne grâce du Trésor à payer les différences, avaient fait monter les prix.

Le consommateur américain paie le sucre cristallisé 6 sous et demie; l'acheteur étranger, grâce à la libéralité de notre gouvernement, peut l'acheter 3 sous trois quarts. Certainement il était temps que le secrétaire du Trésor demandât à la Commission des sucres de commencer une enquête complète et impartiale.

81. Mais l'histoire ne serait pas complète, si les raffineurs anglais n'importunaient pas leur gouvernement pour obtenir un droit qui écarterait ce don funeste des contribuables étrangers. « Ce n'est pas là, disent-ils, du libre-échange. C'est de la protection prise de l'autre côté de la question. Nous pourrions lutter à égalité; nous ne le pouvons pas contre une industrie subventionnée. » Un penseur superficiel pourrait dire que cette protestation était concluante. Le gouver-

nement anglais organisa une enquête, relative non pas aux raffineurs de sucre, *mais aux autres intérêts qui, dans cette question, étaient en danger d'être oubliés.* Il y eut sur les droits de douanes une enquête d'une certaine valeur et tout à fait digne d'un gouvernement éclairé.

Elle constata que les consommateurs de sucre avaient gagné une somme supérieure à tous les salaires payés par l'industrie de la raffinerie. Du côté des industries qui emploient le sucre, elle constata que dans les environs de Londres, on employait annuellement environ 6,000 personnes, et 45,000 tonnes de sucre à la préparation des confitures et des bonbons; qu'en Écosse, il y a 80 établissements, employant par an plus de 4,000 personnes et 35,000 tonnes de sucre dans des industries semblables; qu'enfin dans tout le Royaume-Uni, ces industries avaient employé 100,000 tonnes de sucre et 12,000 personnes, trois fois autant que les raffineries de sucre. En 20 ans, le commerce de la confiserie en Écosse a quadruplé, et le commerce des conserves, *confitures et marmelades* a été organisé pratiquement.

En outre, le sucre raffiné est une matière première dans la confection des biscuits et la préparation des eaux minérales, et la brasserie et la distillerie en emploient 50,000 tonnes. Aussi l'*Economist* s'écriait-il, et c'est cet argument qui semble avoir dicté la décision : « Il se peut que le bénéfice que nous donnent aujourd'hui les primes étrangères ne soit pas de longue durée, car on ne saurait admettre que les nations étrangères continueront à s'imposer elles-mêmes de plusieurs millions par an uniquement pour nous fournir, à nous et aux autres, du sucre au-dessous du prix normal; mais il n'y a pas de raison pour que nous refusions de profiter de leur libéralité aussi longtemps qu'elle durera. » (V. p. § 83, note) (1).

82. Il y a, dans cette affaire, un point

(1) *Economist*, 1884, p. 1052.

qu'il ne faut pas perdre de vue. Si le gouvernement anglais avait cédé aux raffineurs de sucre sans y regarder de plus près, toutes ces petites industries que j'ai mentionnées, et qui, dans leur ensemble, sont si importantes, auraient été écrasées; dix ans plus tard il n'en serait pas resté trace. Cet exemple peut nous aider à nous former une opinion sur l'effet qu'a pu avoir notre tarif d'écraser des industries qui sont maintenant perdues et disparues, qu'on ne peut même pas rappeler pour en tirer argument, mais qui reviendraient à la vie si la suppression des droits leur offrait la moindre chance.

83. De ce côté de l'Atlantique, on a tenté de nous faire entrer dans la bataille du sucre. C'était à propos des traités de commerce avec l'Espagne et l'Angleterre, qui auraient en fait étendu notre tarif protecteur au sucre de Cuba et des Indes-Anglaises occidentales (1).

(1) Un ami m'a envoyé le compte rendu (*Agricultural Reporter* des Barbades, du 24 avril 1885) d'un meeting d'indignation tenu à Bridge-Town

Les consommateurs de sucre aux États-Unis auraient payé aux planteurs de Cuba la rente de 25 millions de dollars qu'ils payent actuellement au Trésor sur le sucre de Cuba, à la condition que les Cubains en auraient rapporté chez nous une partie et l'eussent dépensée en achats dans nos manufactures. C'était une application nouvelle du procédé qui consiste à mettre un impôt sur partie d'entre nous pour le plus grand bénéfice des autres. Remarquons aussi que cette fois-ci, comme cela les amenait à leur but, nos protectionnistes étaient tout prêts, sans le moindre scrupule, à sacrifier les fabricants de sucre de la Louisiane. Nous avons, vingt-cinq ans, essayé de leur réserver le marché national et d'en écarter qui que ce soit d'autre. *Aussitôt que nous avons réussi à le fermer hermétiquement*,

pour protester contre le refus du gouvernement anglais de ratifier le traité de commerce avec les États-Unis. Les habitants de ces îles ressentent la concurrence, sur le marché anglais, du sucre « nourri à la prime » ; nouvelle complication, nouveau mal.

de manière à en interdire l'entrée à tout autre, nous nous apercevons que c'est pour nous une question de vie ou de mort d'en sortir nous-mêmes. Pour cela, la première chose à faire est de frapper les Américains d'un impôt, qui servira à aller acheter une fraction du marché étranger.

A la dernière session du Congrès, le sénateur Cameron proposait d'accorder un drawback sur les matières premières employées dans les produits exportés. De cette façon le manufacturier américain aurait eu deux coûts de production; l'un, quand il fabriquait pour le marché national, l'autre, beaucoup moindre, pour le marché étranger. Dans les conditions actuelles, la plupart des exportations des produits manufacturés dont nous sommes si fiers, portent sur des articles que nous vendons au dehors moins cher qu'ici, de façon à ne pas diminuer les profits du monopole intérieur. Ce qu'on proposait au Congrès était d'élever cette pratique à la hauteur d'un système, afin de pouvoir faire plus de présents aux étrangers.

84. Pour en revenir au sucre, notre traité avec les îles Sandwich a produit sur la côte du Pacifique des résultats pleins d'anomalies et de périls. Dans le Pacifique du sud, la Nouvelle-Zélande s'achemine au système des primes et de la protection de sucre (1). Il ne serait donc pas téméraire de prédire d'ici cinq ans une catastrophe universelle dans l'industrie du sucre.

85. Maintenant, pourquoi tout cela? A propos de quoi tout cela? Napoléon Bonaparte inaugura ce système, dans une boutade de despote, le jour où il résolut de forcer la production du sucre de betterave, pour montrer qu'il s'inquiétait peu de la suprématie maritime de l'Angleterre qui lui interdisait les îles à sucre. Pour ne pas perdre plus tard le capital engagé dans cette industrie, la protection fut maintenue. Mais ceci conduisit à y mettre plus de capital et à réclamer un supplément de protection. Depuis soixante-

(1) *Economist*, supplément commercial, 14 février 1885, p. 7.

quinze ans, ce problème tourmente les financiers. Il y a deux produits naturels qui donnent le sucre. L'un, la canne, est de beaucoup le plus riche. Mais les procédés de l'industrie du sucre de betterave, ont été, jusqu'à ces derniers temps, bien plus rapidement perfectionnés que ceux de l'industrie du sucre de canne. Alors la raffinerie devient un intérêt distinct.

Voici un pays qui a en même temps des colonies à sucre de canne, qu'il veut protéger contre d'autres colonies; une industrie de sucre de betterave qu'il veut protéger contre des voisins producteurs de sucre de betterave; et des raffineurs qu'il faut protéger contre les raffineurs étrangers; d'autre part, il doit combiner de façon satisfaisante, en dépit des changements sous le mode de transport et dans la législation fiscale, les relations des producteurs de sucre de canne dans ses propres colonies et de sucre de betteraves dans la métropole; il veut tirer un revenu de l'industrie sucrière, faire servir le commerce colonial au développement de la marine marchande : si, avec cela, il a deux ou trois traités de commerce où le sucre est un article important, le gouvernement de ce pays a une tâche semblable à celle d'un écuyer qui monte à la fois plusieurs chevaux, ou d'un jongleur qui tient en mouvement plusieurs balles. Le sucre est la denrée où sont le plus apparents les effets d'un commerce vaste comme le monde, produit de l'invention moderne, et c'est la denrée qui nous servira à mettre les vieilles doctrines protectionnistes et anticommerciales à l'épreuve la plus décisive.

C. *Nécessité des relations avec l'étranger pour permettre de réglementer un perfectionnement qui ne saurait être plus longtemps tenu en échec.*

86. Si nous revenons une fois de plus à ce qui nous concerne, nous devons noter l'apparition, en 1883-84, de la politique des traités de commerce et d'une « vigoureuse politique étrangère ». Pendant des années, une « politique natio-

nale » avait pour nous signifié « nous réserver le marché intérieur. » La pratique de cette politique nous avait conduits à nous isoler et à nous désintéresser, avec ostentation, des affaires cosmopolites. Je puis dire que je n'écris pas sous l'influence d'aucune sympathie pour un vague humanitarisme ou des sentiments cosmopolites. Il me semble que les groupements locaux auront une grande force naturelle et une utilité évidente tant qu'ils seront les subdivisions d'une organisation plus haute de la race humaine, ou tant qu'ils se formeront librement et que leurs relations entre eux se développeront naturellement.

Mais voici que soudain s'élève une clameur qui demande bruyamment une « politique nationale » entendue en ce sens que nous devrons sortir de l'isolement où nous a relégués notre système de droits protecteurs, et nous ouvrir un chemin à l'aide de la diplomatie ou de la guerre. Toutefois nos efforts seront soigneusement et arbitrairement restreints à l'hémisphère occidental; et nous avons, avec quelque anxiété, refusé de prendre une part quelconque de direction ou de pouvoir dans l'organisation du Congo, bien que très évidemment nous devions quelque jour arriver à désirer participer au commerce de cette région. Nos hommes d'État ne peuvent pourtant pas, s'ils sont disposés à nous laisser faire le commerce extérieur, nous empêcher d'aller le chercher là où nous pouvons mieux le faire. Ils doivent *a priori* prendre des mesures pour cela.

Ils nous ont mis des impôts pour nous enfermer chez nous; cela a tué le commerce de transport. Puisque nous étions résolus à ne pas faire ce genre d'affaires, qu'est-ce que les armateurs pouvaient bien trouver à faire? Puis, ç'a été le tour de la construction maritime : car s'il n'y a pas de commerce de transport, pourquoi construire des bâtiments, surtout à un moment où les taxes protectrices de la manufacture écrasaient le commerce et le transport (v. § 101)? Puis la marine de guerre a décliné : quand on n'a pas de commerce à protéger sur mer, on n'a pas besoin de flotte. Puis nous avons cessé de prendre aucun intérêt à ce canal de Panama qui nous préoccupait il y a trente ans, parce que, avec notre politique de « pas de commerce », il ne nous est plus utile. Enfin la diplomatie est devenue une sinécure, puisque nous n'avons plus de relations extérieures.

87. Survient maintenant la « politique nationale » : on n'en a nul besoin. Elle n'est rien qu'un échantillon inventé à plaisir et grandi outre mesure de boursouflage politique. Nous allons galvaniser notre diplomatie à contracter des traités de commerce et à nous mêler des querelles de l'étranger. Nul doute que cette conduite ne nécessitera bientôt une marine. En fait, cette « politique américaine » qu'on nous demande, c'est la politique vieillie, démodée, dix-huitième siècle, la politique de John Bull qui a forcé l'Angleterre à garder une forte armée, une forte marine, une lourde dette, de lourds

impôts et une succession ininterrompue de petites guerres. Une fois adoptée, il faudra fournir par l'impôt quelques ressources pour restaurer la flotte ; puis, on nous proposera de fournir également par l'impôt, quelques ressources pour creuser des canaux où pourra passer cette flotte; puis, toujours par le même moyen, des ressources pour subventionner la marine marchande qui traversera ces canaux ; puis, pour subventionner les voyages, c'est-à-dire le commerce des transports; enfin, pour fournir des cargaisons aux navires (V. § 83).

88. Sans rien faire de tout cela, le commerce tout entier des Indes Occidentales, du Mexique, de l'Amérique du Centre et du Sud, est à nous, si seulement nous voulons nous ôter de son chemin et le laisser venir. Il est à nous par l'ensemble des avantages géographiques et commerciaux, et serait à nous depuis 1825, si nous avions seulement renversé les barrières. Au lieu de cela, nous proposons de nous mettre sur le dos le fardeau de

nouveaux impôts, pour le faire passer par dessus les barrières. Supprimez les droits sur les marchandises, laissez faire les échanges, et le commerce du transport en est la conséquence. Si nous avons des marchandises à transporter, nous construirons ou nous achèterons des bateaux. Si nous avons une marine marchande, il nous faudra, et nous organiserons une marine de guerre proportionnée. S'il nous faut des canaux, nous les creuserons, comme ont fait, en en creusant à leurs risques, les capitaux anonymes de l'initiative privée. S'il nous faut une diplomatie, nous apprendrons à pratiquer la diplomatie sur un type démocratique, pacifique et commercial.

89. Ainsi, dans la philosophie du protectionnisme, une chose qui nous serait donnée pour rien par l'extension du commerce et la marche du progrès, est regardée avec terreur, tandis que cette chose, exactement la même, si nous l'avons d'abord repoussée et qu'ensuite nous nous la procurions en quantité minime, à grands

frais et à grand'peine, devient une chose digne que l'on combatte pour l'avoir. C'est là l'erreur de tous les traités de commerce.

La critique fondamentale de toutes les discussions qui eurent lieu au Congrès en 1884-85, est celle-ci : *Tous ces orateurs ont-ils adopté un étalon quelconque pour mesurer ce que vous donnez et ce que vous obtenez avec les traités de commerce?* Et il est clair qu'ils n'en avaient pas. Une génération de protectionnisme a détruit la notion de ce qu'est le commerce (§ § 125, 139), et d'où il tire ses bénéfices, et a créé la défiance du commerce (§ 63 et suiv.). Aussi, quand nos hommes d'État ont voulu comparer ce que nous obtiendrions et ce que nous donnerions, ils ont employé, comme mesure de ces quantités, des choses qui y étaient tout à fait étrangères. A peine en a-t-on trouvé deux qui aient pu s'entendre sur le même étalon de mesure. Quelques-uns pensaient que c'est le chiffre de la population d'un pays comparé au chiffre d'un autre. D'autres, que c'est le montant de ce qu'on vend, comparé au montant de ce qu'on achète à ce même pays ; d'autres, que c'est le chiffre du revenu que l'État sacrifie chez nous, comparé à celui que sacrifierait l'autre partie. Quiconque tentera de déterminer une mesure des avantages qu'un traité procure à l'une des parties sur l'autre, sera amené à voir la fausseté de tous ces procédés. Ce qui serait le plus avantageux à tous les deux, serait l'entière liberté du commerce. Si elle est plus ou moins entravée, c'est là une cause de mal à laquelle il faut porter remède aussi profondément et aussitôt que possible. Si alors, l'une des deux parties abaisse ses droits de douanes, c'est un bénéfice et un pas vers l'état de choses désirable. Un État n'a besoin de la permission de personne pour réduire ses propres impôts et tout ce qui tendrait à altérer son indépendance fiscale serait un nouveau mal (1).

(1) Ceci était composé quand on a reçu et publié un rapport de la « commission de l'Amérique du Sud ». Cette commission avait, au nom des Etats-

90. Le protectionniste lutte donc contre le progrès. Il ne sert qu'à annuler et

Unis, soumis certaines propositions au président du Chili. Voici ce que dit ce rapport :

« La seconde proposition impliquait l'idée d'un traité de commerce réciproque entre les deux pays, en vertu duquel certains produits, spéciaux à chaque pays, seraient admis en franchise dans l'autre, pourvu qu'ils naviguassent sous le pavillon de l'un ou de l'autre pays. Ceci ne fut pas mieux accueilli du président Santa-Maria, qui n'était pas disposé à faire des traités de commerce réciproque. Ses concitoyens avaient la liberté de vendre là où ils trouvaient les meilleurs prix, et d'acheter là où les marchandises étaient le meilleur marché. D'après lui, le commerce ne tirait aucun secours des traités de commerce, et le Chili ne demandait pas de faveurs spéciales aux autres nations, ni ne leur en accordait. Le commerce se dirigeait tout seul, et il n'y avait aucun avantage à essayer de le détourner dans une direction ou dans une autre. En ce qui concerne les Etats-Unis, ils ne pourraient avoir avec le Chili qu'un faible commerce, car les produits des deux pays étaient presque identiques. Le Chili ne produisait que peu de choses dont nous pussions avoir besoin, et bien qu'un grand nombre de produits industriels des Etats-Unis fussent employés au Chili, les commerçants du Chili devaient être laissés libres d'acheter là où ils vendaient, et où ils pourraient faire le commerce avec le plus d'avantages. » Relativement à la disposition qui réduisait les droits sur les seules marchandises importées par des bâtiments chiliens ou américains, à contrebalancer les effets de ces mêmes perfectionnements dont nous tirons vanité. Avec le temps, ces perfectionnements acquièrent une telle puissance que le protectionnisme ne peut pas leur résister. *Alors, il change de tactique et s'efforce de se les soumettre et de les diriger à grands frais par l'action diplomatique ou militaire.* Plus grands et plus universels sont ces perfectionnements, plus nombreux sont, dans les différentes parties du globe, les efforts pour renforcer ou étendre le protectionnisme. Il est hors de doute que tout changement résultant d'un perfec-

il répondit que le Chili n'avait pas besoin de ces moyens pour encourager son commerce ; ses ports étaient ouverts, sur le pied de l'égalité, aux navires du monde entier, et personne ne devait obtenir de privilèges spéciaux. » (*New-York Times*, 3 juillet 1885).

Voilà un bon spécimen de la politique économique éclairée qui prévaut à l'autre extrémité du continent américain. C'est grand dommage que la « Commission » ne soit pas beaucoup plus compréhensive. Elle ressemble à des missionnaires illettrés qui seraient tombés à l'improviste dans une école de théologie. Nous ferions bien d'y envoyer tout notre Congrès.

tionnement est une cause de pertes ou d'embarras. On en peut citer, comme exemple remarquable, la perte et la gêne que subit un ouvrier quand apparaît, pour la première fois, une machine qui le supplante.

On lui a longtemps prêché la patience et le bon courage, on lui fait espérer qu'en fin de compte il se trouvera plus à l'aise. Et il est vrai qu'il sera plus à l'aise. Pourquoi alors ne pas appliquer la même doctrine à tous les autres troubles nés du progrès, où elle serait également vraie?

III. — LA PROTECTION ABAISSE LES SALAIRES.

91. Dans le pur système des salaires, c'est-à-dire dans un pays où il y a une classe sans capital ni terre, les salaires sont déterminés par l'offre et la demande de travail. La demande de travail se proportionne au capital libre pour le payer, exactement comme la demande d'une chose quelconque se mesure à l'offre des marchandises que l'on apporte en échange

de cette chose. Pour reprendre la formule de Cobden : quand deux ouvriers sont après un patron, les salaires sont bas ; quand deux patrons sont après un ouvrier, les salaires sont élevés. »

A. *Les États-Unis n'ont pas de classe ouvrière proprement dite.*

92. Quoi qu'il en soit, les États-Unis n'ont jamais connu le système pur des salaires, parce qu'ils n'ont pas de classe sans terre ou hors d'état d'en avoir. Et d'autre part, le bon marché toujours croissant des transports met, en fait, la terre de notre continent, de l'Australie et de l'Afrique, à la disposition des ouvriers d'Europe et y bouleverse le système des salaires. C'est là la cause véritable de l'origine du prolétariat et de l'expansion de la démocratie auxquelles on attribue généralement des causes métaphysiques, sentimentales ou politiques.

Ceux qui n'ont ni terre ni capital ne peuvent vivre au jour le jour qu'en obtenant une part du capital d'autrui en échange des services rendus. Une ancienne société ou une population dense sont des milieux où se forment ces classes. Elles n'ont ni réserves ni autre chance de gain, ni autre ressource. Dans un pays neuf, cette classe n'existe pas. La terre est à qui veut la prendre. L'agriculture qu'on y pratique n'exige ni grands capitaux ni grande division du travail. Celui qui n'a que la force corporelle brutale peut obtenir et utiliser la terre et il en peut tirer en abondance les commodités rudimentaires, indispensables pour son existence et celle des siens. Si la terre est si bon marché et si facilement à la portée des vieux centres de population, que les plus humbles classes d'ouvriers puissent économiser assez pour payer le passage, l'effet de ces facilités s'étendra jusqu'aux vieux pays et y affectera le marché du travail. C'est actuellement le cas.

93. La faiblesse d'une vraie classe ouvrière provient de ce que ses membres n'ont pas d'autre carrière possible. Évidemment, et toutes choses égales, un

homme se tire d'affaire en ce monde à proportion des carrières auxquelles il peut prétendre. L'avantage de l'éducation est qu'elle ouvre plus de portes. *Nos non-capitalistes* ont une autre ressource dans la terre, et cette ressource est sous leurs mains, facile à saisir et à utiliser. Il n'est pas nécessaire que tous ou même qu'un certain nombre y recourent. Chacun de ceux qui y recourent, laisse un vide derrière lui, diminue l'offre et la concurrence du travail, et soulage sa classe en tant que classe. Il y a ainsi pour l'ouvrier une autre situation possible, et cette situation est en même temps lucrative. La conséquence en est que le salaire minimum du travailleur sans profession s'établit assez haut. Ici nous touchons à la raison des salaires élevés dans un pays neuf.

94. La relation des choses était facile à saisir dans les premiers jours de la colonie. Winthrop nous apprend que le général Court, dans la baie de Massachusetts, essaya de fixer législativement les salaires

des artisans. Évidemment, il y avait pour bâtir les maisons, une forte demande de travailleurs et ceux-ci ne voudraient travailler de leur état que si leurs salaires leur assuraient de quoi vivre aussi bien ou mieux que la terre aux agriculteurs, car ces artisans n'avaient qu'à aller occuper la terre et se faire cultivateurs. Le seul effet de la loi fut que les artisans « allèrent dans l'Ouest », dans la vallée du Connecticut, et que la loi fut lettre morte. Le même équilibre entre les bénéfices de la terre libre et les salaires des artisans et des ouvriers s'est toujours maintenu jusqu'ici.

95. En 1884, on fit une tentative pour unir les associations de l'Est et de l'Ouest de l'industrie du fer, en vue d'un effort pour obtenir des salaires plus élevés. L'union ne put se former parce que les associations de l'Est et de l'Ouest *n'avaient jamais eu le même taux de salaires.* Les dernières, plus enfoncées dans l'Ouest, où l'offre de travail est moindre, et la terre plus proche, avaient obtenu des salaires plus élevés.

Il convient peut-être ici d'anticiper un peu et de faire remarquer que la différence des salaires n'a pas empêché le développement de l'industrie dans l'Ouest, il n'a pas rendu impossible la concurrence sur un marché commun (1).

Le fait est de la plus haute importance pour réfuter la prétention courante des protectionnistes. Ils disent qu'une industrie ne peut marcher dans un endroit si les salaires y sont plus élevés que ceux de la même industrie dans un autre endroit. Cette proposition n'a aucun fondement. Les ouvriers agricoles de l'Iowa gagnent trois fois les salaires des ouvriers agricoles en Angleterre. Les produits de l'Iowa supportent les frais d'un transport à 5000 milles, et, après cela, ils chassent les produits anglais. Les salaires ne sont qu'un élément, et souvent ils sont loin d'être le facteur le plus important dans l'économie de la production. Les *salaires payés aux ouvriers qui fabriquent un arti-*

(1) C'est l'hypothèse en vue de laquelle l'*Inter-Océan* proposait le remède décrit § 71, note.

cle n'ont rien de commun avec le prix ou la valeur de cet article.

Cette proposition, je le sais, est d'un effet saisissant sur ceux qui s'en tiennent aux notions monacales de l'économie politique; mais elle n'est qu'un des aspects du théorème : *Le travail une fois accompli, n'a aucun effet sur la valeur*, lequel est la véritable pierre angulaire de toute saine économie politique. La valeur est fixée par l'offre et la demande de la denrée. Ces deux choses n'ont aucune connexité. Les salaires sont un élément des dépenses du capitaliste dans la production. La balance des dépenses totales et du rendement dans une branche de production peut n'être pas aussi avantageuse que la même balance dans une autre branche; alors le capital sera retiré de la première et placé dans la seconde; mais, dans l'un ou l'autre cas, le taux des salaires est le taux du marché, déterminé par l'offre et la demande du travail; car c'est ce que les patrons doivent payer pour avoir des ouvriers, qu'ils fassent ou non des bénéfices.

95. Les faits et les principes économiques que nous venons d'établir montrent clairement ce qui fait monter les salaires, et mettent en belle lumière l'assertion des protectionnistes, que leur système élève les salaires, c'est-à-dire les élève au-dessus de ce qu'ils auraient été sans lui, ou au-dessus de ce qu'ils sont en Europe. Les salaires ne sont pas arbitraires. Ils ne peuvent être élevés ou abaissés au gré de qui que ce soit. Ils sont dominés par les causes dernières; si cela n'était pas, qu'est-ce donc alors qui les a fait baisser de 10 à 40 p. 100, pendant les dix-huit derniers mois, surtout dans les industries les plus protégées? (§ 26). Pourquoi sont-ils plus élevés dans les industries les moins protégées ou même non protégées, par exemple dans l'industrie du bâtiment?

Les gâcheurs et les porteurs d'auge se sont mis en grève à New-York, réclamant 3 dollars et neuf heures de travail. En quoi leurs prétentions dépendaient-elles du tarif? *Pourquoi le tarif ne prévient-il pas l'a-*

baissement des salaires? Tout est là; c'est ici qu'il doit fonctionner, s'il a le pouvoir de les maintenir. C'est maintenant qu'on a besoin de lui. Quand les salaires étaient sur le marché à un taux élevé, et qu'on ne lui demandait rien, alors il prétendait à notre confiance. Maintenant qu'ils sont bas, et qu'on fait appel à lui, il n'y a nulle efficacité.

97. Les salaires sont du capital. Je promets de payer des salaires; il me faut trouver quelque part le capital avec quoi remplir mes obligations. Si le tarif me fait payer plus que sans lui je n'aurais fait, d'où me viendra le surplus? En ne considérant la monnaie que comme un terme intermédiaire, qu'est-ce que le salaire d'un ouvrier? ce sont des moyens de subsistance, la nourriture, le vêtement, le loyer, le chauffage, la lumière, le mobilier, etc. Si le tarif lui permet de se procurer, avec dix heures de travail dans un atelier, davantage de ces choses qu'il ne le pourrait sans le tarif, *d'où vient ce « davantage »*? Il n'y a que le travail et le capital

qui puissent produire la nourriture, le vêtement, etc. De deux choses l'une : ou bien, l'impôt tire ces choses de rien, ou bien il les lui procure en les prenant à ceux qui les ont produites, c'est-à-dire en les retranchant du salaire d'un autre. Et alors si nous envisageons la classe entière des salariés, il ne se peut pas que l'impôt augmente les salaires, et il est même certain qu'à force de pertes et de ruines il les diminue.

B. *Comment les impôts agissent sur les salaires.*

98. Si les impôts doivent élever les salaires, il faut qu'ils frappent non les marchandises, mais les ouvriers, que les marchandises soient abondantes, et rares les ouvriers; alors la moyenne des salaires sera élevée, car l'offre de travail sera minime et la demande considérable. Si nous imposons les marchandises et non les ouvriers, l'offre de travail sera considérable, la demande limitée, et les salaires peu élevés.

Et c'est ici que nous voyons pourquoi les patrons veulent un tarif. Car c'est une inconséquence évidente et une satire par trop grotesque que les mêmes hommes disent aux ouvriers de leur ville que le tarif élève les salaires, et s'en vont à Washington dire au Congrès qu'il leur faut un tarif parce que les salaires sont trop élevés. Nous avons constaté que les hauts salaires des ouvriers américains ont des causes indépendantes et des garanties en dehors de la législation. Ils sont déterminés et maintenus par les conditions économiques du pays. Cela va contre les intérêts de ceux qui veulent engager des ouvriers. Nul système ne peut servir ces intérêts, que celui qui abaissera les salaires. Au point de vue du patron, ce qui est pour le travailleur une circonstance heureuse, est un obstacle qu'il faut renverser (§ 65). L'ouvrier est trop heureux. La seule chose qui produise quelque bien est celle qui lui supprimera de son aisance. La concurrence qui inquiète le patron n'est pas celle du « travail indigent » d'Europe.

99. « Travail indigent » avait un sens dans la première moitié de ce siècle, quand, en Angleterre, les inspecteurs des pauvres renvoyèrent des maisons de refuge toute la portion jeune de ceux qui les occupaient, et les firent entrer chez les propriétaires des nouvelles manufactures de coton, moyennant qu'on leur apprît le métier et qu'on leur fournît la pitance. Naturellement, cet arrangement présentait de choquants inconvénients inhérents à lui-même, mais il était purement transitoire. Les « ouvriers indigents, » enfants alors, devinrent, au bout d'une génération, des travailleurs indépendants; le système est mort tout seul, et le « travail indigent » est maintenant une marotte vide de sens.

100. La concurrence que redoutent les patrons est *celle des industries d'Amérique qui peuvent payer des salaires élevés et qui maintiennent les salaires élevés parce qu'en fait elles les payent*. Celles-ci attirent l'ouvrier. Celles-ci lui offrent une

autre ressource. S'il n'avait aucun moyen de gagner plus qu'il ne gagne, il serait bien inutile à lui de demander plus. Ce qui fait qu'il demande plus et qu'il l'obtient, c'est qu'il sait où l'obtenir, s'il ne l'obtient pas là où il est. Si donc on doit le réduire, la seule manière d'y arriver, est de détruire ou de diminuer la valeur de cette autre ressource. C'est justement ce que fait le tarif.

101. Les droits établis pour la protection doivent sortir de la poche de quelqu'un. Ainsi que je l'ai montré (§ 32 et suiv.), les intérêts protégés se donnent et se prennent l'un à l'autre ; mais si, en tant que groupe, ils gagnent quelque chose au détriment d'un autre groupe, cet autre groupe ce doivent être les industries qui ne sont pas et ne peuvent pas être protégées. Celles-ci, en Angleterre, étaient autrefois les manufactures, qui, au temps des lois sur les céréales, étaient atteintes par l'impôt au bénéfice de l'agriculture. Aux États-Unis, naturellement, la situation est inverse de celle-là et complète le cycle.

Nous frappons l'agriculture et le commerce au profit des manufactures. Le commerce, c'est-à-dire la construction navale et le commerce de transport, a été écrasé et anéanti sous le fardeau (§ 86). Mais ce fardeau, ainsi jeté sur l'agriculture et le commerce, amoindrit le bénéfice de ces entreprises, diminue l'attraction qu'elles exercent sur l'ouvrier; diminue la valeur de l'autre ressource de l'ouvrier, diminue la concurrence que font les autres entreprises aux entreprises manufacturières, et ainsi, dérobant quelques-unes des faveurs que Dieu et la nature avaient prodiguées à l'ouvrier américain, elle met celui qui veut louer les services de cet ouvrier à même de les obtenir à plus bas prix.

L'effet des taxes est exactement celui d'un tant pour cent qu'on enlèverait à la fertilité du sol, à l'excellence du climat, à la force des machines, aux habitudes industrieuses des habitants. Il abaisse donc la moyenne du confort et du bien-être de la population, et avec cette moyenne de confort il réduit les salaires de tous ceux qui travaillent pour de l'argent.

C. *Dangers des statistiques, notamment pour les salaires.*

102. Quiconque a étudié les statistiques y aura certainement beaucoup moins de foi que n'en ont ceux qui ne les ont pas pratiquées. Les comptables nous ont appris que les chiffres ne mentiront pas, mais qu'ils diront de très drôles d'histoires. Les statistiques ne mentiront pas, mais elles joueront des tours prodigieux à celui qui ne comprend pas leur langue. Le lecteur ingénu, à qui l'on présente une colonne de statistiques, résiste difficilement à l'idée que ces statistiques doivent *prouver* quelque chose. En réalité, une colonne de statistiques prouve rarement quelque chose. L'opinion générale est que le premier venu peut manier et entendre les statistiques. En réalité, il faut une habileté particulière et rare pour apprécier l'effet des mille petits détails qui ont accompagné la confection de ces statisti-

ques, pour déterminer les limites de leur application, et interpréter leur sens véritable. Les statistiques qu'on invoque pour prouver la prospérité nationale en sont un exemple, car on s'en sert comme d'une mesure absolue, quand il est évident qu'elles n'ont d'utilité que pour une comparaison. Parfois même, le second terme de la comparaison est impossible à découvrir et reste toujours ignoré (§ 52).

103. Dans l'hiver de 1883-84, un comité du Congrès s'occupant du tarif, prit le census et se mit à calculer les salaires de l'industrie de l'acier en additionnant tous les salaires qu'on y paye, depuis ceux des ouvriers de la mine. Puis, ils s'occupèrent du fer en barres, et additionnèrent tous les salaires en commençant encore depuis l'extrême commencement, afin de calculer l'importance des facteurs des salaires. Ils continuèrent ainsi pour chaque spécialité de l'industrie du fer. Ils allaient de cette façon additionner six ou huit fois les mêmes salaires.

104. Les statistiques qu'on publie sur

les salaires comparés n'ont absolument aucune valeur (1). On ne sait pas comment, par qui et dans quels cas particuliers elles ont été relevées. On n'y spécifie que rarement les faits relatifs aux diverses classifications dans la division du travail, ou à la proportion de force mécanique employée, ou aux indemnités de toutes sortes qui varient d'usine à usine et de ville à ville. Les patrons protégés s'empressent de dire les salaires qu'ils payent par jour ou par semaine, ce qui n'a aucune importance. Les seules statistiques qui seraient de quelque utilité pour la comparaison qu'on veut faire seraient celles qui feraient ressortir la proportion des salaires au coût total par unité. Et encore cette comparaison n'aurait pas la force probante que l'on attribue néanmoins à celle que j'ai déclarée défectueuse. C'est pour cela que les statistiques qu'on nous présente

(1) Je fais une exception pour celles de M. Carroll Wright. Mais il a pris soin lui-même de dire assez haut la mince valeur que les siennes peuvent avoir.

sont sans valeur ou même positivement décevantes.

Dans le cas qui nous occupe, des statistiques comme je les demande sont extrêmement difficiles à obtenir.

S'adresser aux patrons, c'est une enquête sur leurs affaires privées ; ils n'ont aucun intérêt à vous répondre, et ils ne peuvent, si l'enquête embrasse une période, vous répondre sans dépenser beaucoup de travail sur leurs livres, ou sans les confier à quelque autre, en admettant qu'ils permettent à un autre de faire ce travail. Si vous faites l'enquête auprès des ouvriers, elle devient longue, fastidieuse, et pleine d'incertitude. Est-ce que les consuls des États-Unis vont prendre la peine de se lancer dans une enquête semblable ? Est-ce qu'ils ont l'éducation qu'il faut pour la mener à bonne fin?

105. Il est généralement admis et incontesté que les salaires sont plus élevés ici qu'en Europe. La différence est le plus sensible dans le genre de travail le plus humble, dans le travail manuel, le travail

qui n'a pas exigé d'apprentissage. La différence est moindre dans les genres supérieurs du travail. Pour ce que les Anglais appellent « ingénieurs ou mécaniciens », pour les hommes qui possèdent la dextérité personnelle et la faculté créatrice, la différence est en sens inverse, si on compare les États-Unis et l'Angleterre. Les chiffres de l'immigration reflètent exactement ces différences. La grande masse des immigrants se compose d'ouvriers agricoles et d'hommes de peine. Les ouvriers « sachant un métier » sont relativement une infime minorité, et si leurs prétentions à être ce qu'ils se disent étaient mesurées à l'étalon du commerce anglais ou allemand, le nombre, assurément, en serait extrêmement réduit. Les ingénieurs et mécaniciens vont d'Allemagne en Angleterre. Rarement les hommes de cette classe viennent dans notre pays; ou, quand ils y viennent, ils viennent avec un engagement spécial et ne tardent guère à s'en retourner. Chaque pays, en dépit des impôts et autres expédients, a la classe d'ouvriers à qui sa condition industrielle offre les chances les plus favorables.

La seule chose que fasse le tarif en cette matière est d'enlever à ceux de chez nous qui ont une supériorité une fraction de cette supériorité.

IV. — LE PROTECTIONNISME EST DU SOCIALISME.

106. Se contenter de donner au protectionnisme un surnom mal sonnant ce serait faire bien peu. Quand je dis que le protectionnisme est du socialisme, j'entends le classer et le ranger dans le chapitre qui lui convient non seulement par l'en-tête même, mais par ses véritables affinités. *Le socialisme est un expédient ou une doctrine dont le but est de soustraire l'individu aux difficultés ou aux rigueurs de la lutte pour l'existence et la concurrence de la vie, par l'intervention de « l'État. »* Etant donné que « l'État » n'est et ne peut être autre chose que le reste de la nation, le socialisme est un expédient qui fait soutenir à une partie de la nation la lutte pour

l'existence à la place d'une autre partie. Les empiriques ont toujours derrière eux une doctrine qui tâche de démontrer pourquoi *il faut* faire telle chose.

107. Les intérêts protégés demandent qu'on leur épargne dans leurs affaires le trouble et les tracas de la concurrence, et qu'on leur assure des bénéfices dans leurs entreprises; le tout, par les soins de « l'Etat », c'est-à-dire aux frais de leur concitoyens. Si cela n'est pas du socialisme, alors le socialisme n'existe pas. Si les patrons peuvent demander que l'État soit tenu de leur garantir des bénéfices, pourquoi les ouvriers ne pourraient-ils pas demander que l'État soit tenu de leur garantir leurs salaires? Si nous payons l'impôt pour leur fournir des bénéfices, pourquoi ne le payerions-nous pas pour des ateliers nationaux, pour les assurances ouvrières, ou pour tout autre expédient qui fournira des salaires à l'ouvrier et le soustraira aux misères de la vie et aux risques et aux difficultés de la lutte pour l'existence ? Ce « nous » qui doit payer

change constamment, et le patron protégé aura sûrement, et avant peu, son tour de payer. L'idée de vivre chacun aux dépens des autres est susceptible d'une grande expansion. Jusqu'ici elle est loin d'avoir atteint sa perfection ou son entière réalisation. Les protectionnistes sont en train de faire l'éducation de ceux qui jusqu'ici sont encore du côté « dépenses », mais qui emploieront certainement un jour leur puissance politique pour passer au côté « recettes ». L'argument que « l'État » doit faire quelque chose pour moi parce que mon commerce ne fait pas ses frais, est un argument à longue portée, et très propre à tous les cas où les socialistes l'appliquent.

CHAPITRE IV

SOPHISMES DIVERS DU PROTECTIONNISME.

108. Arrivé ici, je puis en finir rapidement avec une série de sophismes couramment employés par les protectionnistes. Ce sont généralement de pures chimères, ou des raisonnement tirés de longueur pour découvrir quelque équivalent que reçoit le contribuable en échange de l'impôt qu'il paye.

A. *Quelles industries encore dans l'enfance peuvent être soutenues? Jusqu'à ce qu'elles marchent seules, et qu'alors elles deviennent productives.*

109. Je ne connais pas un seul cas où cet espoir s'est réalisé, quoique nous poursuivions l'expérience depuis près d'un siècle. Les plus faibles de ces nourrissons sont ceux qu'Alexandre Hamilton pro-

tégea dès 1791. Aussitôt que les nourrissons commencent à être un peu forts (s'ils le sont jamais), le système protecteur les force à porter le fardeau d'autres nourrissons, et ainsi de suite indéfiniment. Le système les conduit à l'hydrocéphalie, et au lieu de croître jusqu'à maturité, plus longtemps ils vivent, plus longtemps ils restent comme de grands bébés. C'est le système qui les rend ainsi, et avec son procédé, on ne peut pas raisonnablement espérer qu'il produise un autre effet. (V. plus loin sous le sophisme suivant, § III et suiv.)

110. Mill expose un cas (1) où, à la rigueur, on pourrait concevoir qu'il fût avantageux pour un pays jeune de protéger une industrie naissante. On le cite souvent, sans faire attention aux limites dans lesquelles il se tient, comme s'il avait affirmé d'une façon générale l'utilité de la protection dans les pays jeunes et pour les industries naissantes. C'est véritable-

(1) Livre V, chap. x, § 1.

ment faire une citation fausse que de le citer sans tenir compte des limites qu'il spécifie. L'exposé qu'il a fait peut être démontré mathématiquement (1). La doc-

(1) Il a été développé mathématiquement par un mathématicien français (*Journal des Economistes*, août et septembre 1873, pages 285 et 464). a est la perte moyenne annuelle que cause l'impôt aussi longtemps qu'on le maintient pour lancer l'industrie. b est le bénéfice moyen annuel de l'industrie une fois lancée. x est le nombre d'années que doit durer la taxe. Il faut capitaliser les pertes et les bénéfices à leur valeur actuelle. La valeur actuelle des pertes est le total des séries :

$$a. \cdot \frac{a}{(1+r)} \cdot \frac{a}{(1+r)^2} \cdot \cdots \cdot \frac{a}{(1+r)^{x-1}}.$$

La valeur actuelle des bénéfices à l'infini est le total des séries infinies,

$$\frac{b}{(1+r)^x} \cdot \frac{b}{(1+r)^{x+1}} \cdot \cdots 0.$$

Supposons ces totaux égaux, nous avons :

$$x = \frac{\log\left(\frac{b}{a}+1\right)}{\log(1+r)}.$$

Dans cette expression, fixons r à six pour cent; donnons à x des valeurs variables, et extrayons la valeur $\frac{a}{b}$. On voit alors que si l'impôt dure *cinq*

trine qu'il a développée est chose très connue dans les entreprises privées. On peut se lancer dans une entreprise qui, pendant quelques années, ne donnera pas de profits ou même occasionnera des pertes, mais dont on espère que plus tard elle regagnera tout cela.

Quelles sont les limites dans lesquelles une entreprise semblable peut réussir? Il n'y a pour elle que deux voies : faire appel à un capital qui sera amorti dans une courte période (la construction d'un chemin de fer ou la plantation d'une orangerie) ; ou promettre des gains énormes, une fois lancée (c'est ce qui a lieu pour une invention brevetée). Plus élevé est le taux de l'intérêt, comme il arrive dans un pays neuf, plus étroites et puissantes sont ces conditions. Mill disait qu'on pouvait concevoir le cas d'une in-

ans, il faut que la moyenne annuelle des gains *à l'infini* soit le tiers de la moyenne annuelle des pertes pour que l'expérience ne donne ni perte ni gain. Si l'impôt dure *dix ans*, il faut que les gains à l'infini soient de 80 p. 100 des pertes de cette période ; 25 ans, 329 p. 100 ; 100 ans, 33,900 p. 100.

dustrie où l'on pourrait appliquer le même calcul au droit protecteur. Si donc quelqu'un prétend pouvoir présenter une industrie qui satisfasse à ces conditions, examinons-la bien pour voir si c'est exact.

Si on doit attendre, pour appliquer la protection, qu'un cas semblable se présente, elle ne sera jamais appliquée.

Une chose qui peut mathématiquement se concevoir n'est pas une chose absurde; mais elle est tout autre chose qu'une chose pratiquement réalisable. Pour ma part, je me sépare énergiquement de la doctrine de Mill, même dans les limites où il l'enferme. En premier lieu, l'État ne peut pas, avec l'aide de l'impôt, mettre en bon train une entreprise industrielle, lorsque par sa nature même cette entreprise exige, comme chacun sait, la surveillance la plus exacte et la plus minutieuse de ceux qui y ont engagé leur capital. En second lieu, l'État supporterait les pertes, tant qu'il y en aurait; et quand viendrait l'heure des bénéfices, ce seraient les intérêts privés qui les recueilleraient.

B. *Que les droits protecteurs n'élèvent pas, mais abaissent les prix.*

111. A ceci il y a une réponse qui s'impose : quel effet cela peut-il avoir sur le résultat cherché? Toutefois, il est vrai que, dans certaines conditions, les droits protecteurs abaissent en effet les prix. Voici comment. Le protectionnisme prend par la main une industrie naissante, et s'efforce de la faire grandir. Pour cela, il établit des impôts qui en écarteront la concurrence, et lui procure ainsi des bénéfices que les prix du marché général ne lui procureraient pas. Là-dessus, les prix s'élèvent. Mais voici que s'élève aussi la plainte du consommateur. Le protectionnisme se tourne vers lui, et lui promet que bientôt il y aura « excès de production » et que les prix tomberont. C'est en effet ce qui arrive en temps dû. Car chaque industrie protégée est organisée plus ou moins à la façon d'un monopole limité, et

un monopole qui a saturé son marché aux prix qu'il voulait, est désormais la plus misérable des industries (§ 24). Maintenant c'est le consommateur qui y gagne. Mais aussitôt les nourrissons poussent un gémissement, le protectionnisme accourt près du berceau et trouve l'industrie dans des convulsions, résultat d'un excès de production. Un certain nombre des enfants en meurent. Ceci augmente pour le reste les chances de salut. Ils s'entendent pour organiser un monopole plus effectif, relèvent les prix en limitant la production, et continuent jusqu'à ce qu'un nouvel excès de production détermine une nouvelle crise. C'est là une nouvelle crise qui empêche les enfants d'avoir jamais aucune vitalité. Le résultat le plus net est que le marché est soumis à de constantes alternatives de disette et d'abondance; et personne n'y gagne rien.

112. Quand on parle du prix, il *faut toujours se rappeler que nos raisonnements reposent sur la monnaie,* — sur la propor-

tion dans laquelle on échange les denrées contre de la monnaie. Dès lors, si nous voulons élever les prix, il nous faut *réduire l'offre* des denrées, et ainsi les conclusions de la science monétaire nous amèneraient au résultat que nous constations déjà, à savoir que les droits protecteurs diminuent la production et amoindrissent la richesse.

113. Le problème de l'administration d'un monopole est de donner au marché exactement la dose de produits qu'il en pourra prendre au prix que le concessionnaire du monopole veut obtenir. Dans un monopole mitigé, c'est-à-dire qui est réparti entre un certain nombre de titulaires, la difficulté est de s'entendre sur l'administration. Il peut arriver que, n'ayant pas de communications entre eux, ils se fassent concurrence. Alors ils fournissent au marché une dose exagérée, et les prix se mettent à baisser. A ce moment ils cherchent à se rencontrer et à s'entendre ; ils forment une « association » pour produire une action d'ensemble, et s'accordent à se partager entre eux la

production, à la limiter, à la réglementer, afin de prévenir les erreurs passées, et de relever les prix (§ 24).

C. *Qu'avec le libre-échange nous serions une nation purement agricole.*

114. Avec un territoire aussi vaste que celui des États Unis, une nation purement agricole ne peut se concevoir. La distribution actuelle des industries à *l'intérieur* des États-Unis est la preuve catégorique que ce résultat ne se serait pas produit, car nous avons à l'intérieur le libre-échange absolu, et cependant, au cœur même des États agricoles, nous voyons s'élever les manufactures aussi nombreuses que le permettent les conditions ambiantes, aussi nombreuses que le comportent les chances de bénéfices. Avec le libre-échange, il y aurait une subdivision dans les industries lainières, cotonnières, sidérurgique, etc., et nous pourrions à la fois exporter et importer différentes variétés et qualités de ces marchandises.

Actuellement, les États du Sud fabriquent des cotons communs comme la Nouvelle-Angleterre à qui ils font concurrence. Les États de l'Ouest fabriquent des lainages communs, certaines qualités de cuirs et de fers, etc. comme l'Est à qui ils font concurrence. Et c'est ici que nous voyons exactement le genre de différenciation qu'amènerait chez nous ce libre-échange, et que nous pouvons évaluer le tort que nous fait le tarif, soit qu'avec la même brutale ignorance il frappe toute une catégorie, soit qu'il s'efforce, à l'aide de subtiles sous-classifications, de rendre vains tous les efforts que tentera le commerce pour se tirer d'affaire (1). Si toutefois, il était admissible que nous devinssions une nation purement agricole, la seule conclusion qu'on en pût légitimement tirer serait que notre population entière aurait trouvé plus facilement à vivre dans cette voie que dans toute autre. S'il y avait dans une autre de plus grands

(1) Voyez un autre sophisme : Cunningham, *Développement de l'industrie anglaise*, p. 410.

bénéfices à réaliser, une partie de la nation s'y porterait.

D. *Que les sociétés de manufacture sont plus prospères que les sociétés d'agriculture.*

115. C'est aussi vrai que de dire que tous les hommes grands se portent bien. On répondrait que les uns se portent bien et les autres se portent mal; que la taille et la santé n'ont aucun lien entre elles. Il en est de même des sociétés industrielles: quelques-unes sont prospères, quelques autres ne le sont pas. C'est dans ce sophisme qu'apparaît sous sa forme la plus audacieuse la contradiction que porte avec soi le protectionnisme. On nous dit que les manufactures sont un bien inestimable. Le protectionnisme prétend qu'il va nous doter de quelques-unes. Au lieu de cela, sans cesse il nous fait de nouvelles demandes, nous impose de nouvelles charges, et ne nous dote de rien que de nouveaux impôts. Il nous promet des recettes, et accroît nos dépenses; il nous promet un actif et nous donne un passif; il nous

promet un don et nous crée des dettes : il nous promet un bienfait, et nous impose un fardeau ; cette chose qu'il vante comme d'une grande et précieuse utilité, ne nous donne rien et nous prend toujours davantage. La prospérité ne dépend pas d'une forme d'industrie plutôt que d'une autre. Si cela était, une partie de l'humanité aurait naturellement et d'une façon permanente, des chances supérieures à celles de l'autre partie, et nul ne pourrait, sans nuire à ses propres intérêts, émigrer dans un pays neuf, c'est-à-dire agricole. Le monde n'est pas ainsi bâti.

E. *Qu'il faut s'efforcer de diversifier l'industrie, et que les nations qui ont des industries variées sont plus fortes que celles qui n'ont pas d'industries variées.*

116. Il faut s'efforcer non pas de diversifier l'industrie, mais de multiplier et de diversifier nos satisfactions, nos commodités et nos jouissances. Si, en unifiant notre industrie, nous y parvenons mieux qu'en la diversifiant, alors il nous faut

prendre et nous prendrons le premier parti. Ce n'est pas là une question qu'on puisse décider *à priori*, mais dont la solution dépendra des circonstances économiques. Un pays qui a la suprématie dans une industrie unique, quelle qu'elle soit, n'en aura qu'une seule.

La Californie et l'Australie, n'ont eu qu'une seule industrie jusqu'au jour où elles ont vu décliner la productivité de leurs mines d'or, c'est-à-dire jusqu'au jour où elles ont vu diminuer cet avantage suprême qu'elles avaient sur les autres nations. Alors seulement, elles commencèrent à diversifier leur industrie : c'est qu'elles commençaient en effet à être moins prospères.

La région de l'huile en Pensylvanie a trois cordes à son arc, trois industries, la vieille industrie agricole, le charbon et l'huile. Mais elle n'en aura qu'une tant que l'huile offrira des chances supérieures à celles que peut offrir tout autre district similaire. Le jour où elle perdra cet avantage unique que lui a donné la nature, ce jour-là elle diversifiera ses industries.

La nation « la plus forte » est celle qui apporte sur le marché du monde les produits les plus demandés, et qui les a obtenus sans grand'peine ni sacrifice; car elle commandera ainsi le marché, et se procurera sans beaucoup d'efforts toutes les bonnes choses que les hommes peuvent avoir sur terre. Qu'elle ait à offrir ainsi de nombreux produits ou qu'elle n'en ait qu'un seul, cela importe peu. Tout ce que le tarif peut avoir à démêler avec elle, le voici : quand l'Américain s'en va sur tous les marchés du monde porter le blé, le coton, le tabac et le pétrole, tous objets très demandés et qui ne lui coûtent à lui presque rien, le tarif le force d'abandonner une partie des avantages auxquels il pouvait prétendre (§ 125,134).

F. *Que les manufactures donnent de la valeur à la terre.*

117. Cette assertion est partie du bureau de l'agriculture. On l'a considérée

comme le développement formidable d'un argument du protectionnisme : elle n'est qu'une erreur de logique basée sur des statistiques mal faites. La valeur de la terre dépend de l'offre et de la demande. La demande de la terre est proportionnée à la population. Ainsi, quand la population est dense, la terre a une grande valeur. Or les manufactures ne peuvent vivre que là où il y a offre de travail, c'est-à-dire là où la population est dense. C'est pour cela que la grande valeur de la terre et le développement de l'industrie manufacturière sont les résultats communs de la densité de la population. Les statisticiens du bureau de l'agriculture leur avaient assigné les relations de cause à effet. La *Tribune* de New-York prétendait que c'était la plus étonnante contribution à l'étude de l'économie politique, depuis que « la mort avait raidi les doigts d'Horace Greeley ». Et c'était vrai.

118. Quand les manufactures naissent spontanément en vertu de leur force propre, quand leur développement ne coûte

rien à personne, et que naturellement elles « donnent de la valeur à la terre », cela revient à dire que le district où elles s'élèvent à une nouvelle puissance industrielle, et tous les intérêts en profitent. Mais quand les manufactures doivent être protégées, entretenues et soutenues à grands frais, alors le bien qu'elles font, elles ne le font pas en tant que manufactures, mais en tant que machines à extraire d'ailleurs un capital, à titre de tribut. Et ainsi compris, les droits protecteurs ont pour effet d'altérer dans les différents districts la valeur comparative de la terre. Cet effet, on peut en suivre les phases surprenantes dans le Connecticut et autres États manufacturiers. L'impôt qu'on y lève sur les agriculteurs sert à louer des gens qui iront vivre dans les centres manufacturiers et y entretiendront les manufactures. Ce déplacement de population, déterminé aux frais de la population rurale, diminue, et cela dans le même État, la valeur de la terre de culture et élève celle de la propriété urbaine. Les coteaux voient leur population appauvrie, leurs exploitations agricoles abandonnées, parce qu'il y a été levé un tribut pour exagérer, dans les vallées manufacturières, la valeur des emplacements à usines et des terrains avoisinants (§ 120, 137).

G. *Que l'agriculteur, tout en payant des impôts pour la création d'une usine qui sans cela n'existerait pas, récupérera, et au delà, ces impôts, à vendre aux artisans les produits de son exploitation.*

119. C'est là une erreur arithmétique. On voudrait tirer trois bouteilles d'un litre. L'agriculteur y va de l'impôt et du produit de son exploitation, et il ne peut pas retirer plus que l'impôt ; car, si l'usine doit son existence aux droits protecteurs, elle ne peut faire aucun profit en dehors des droits. La proposition qu'on fait à l'agriculteur se ramène à ceci : il devra payer l'impôt à une autre personne qui pourra en consacrer une partie à lui acheter de ses produits. Cette combinaison assurera la ri-

chesse à l'agriculteur. L'actionnaire d'un chemin de fer qui passait son temps à rouler sur la ligne, en payant son billet, dans l'espoir d'accroître les dividendes, celui-là était un sage comparé au fermier qui espère trouver dans la protection une source de bénéfices pour lui-même.

120. Puisque les droits protecteurs, ainsi que je l'ai montré (§ 101), agissent comme ferait une diminution de la fertilité du sol, ils rétrécissent la surface profitable à cultiver et élèvent la rente. Toutefois ils ne l'élèvent pas au profit du propriétaire rural; par l'effet du déplacement de population qui vient d'être décrit, ils lui prennent pour donner au propriétaire urbain. Bien entendu, je ne crois pas que dans notre pays les droits protecteurs aient réellement rétréci la surface profitable à cultiver, car ils n'ont pas pu compenser l'avantage qu'y donnent la richesse de terres vierges et la perfection des méthodes. Et cependant, je connais beaucoup de tributaires de la protection qui ne pourraient pas supporter de se voir plus à l'aise qu'ils

ne sont; et, parmi eux, l'agriculteur de la Nouvelle-Angleterre, qui est celui qui a le moins de chances et les plus faibles moyens de pouvoir supporter le poids de la protection. Ce que nous payons à la protection, nous le prenons sur les prodigalités infinies de la nature envers nous.

H. *Que les agriculteurs gagnent à la protection, parce qu'elle détourne beaucoup d'ouvriers de leur faire concurrence.*

121. Puisque les agriculteurs payent les impôts qui produisent, par hypothèse, ce résultat, il y a une question qui se pose tout naturellement: combien chacun d'eux peut-il y mettre pour écarter à prix d'argent la concurrence dans sa partie? Il ne peut pas payer sans compter, à moins qu'il n'ait un monopole et qu'il veuille le consolider. Or nos agriculteurs sont exposés à la concurrence absolue et de tous côtés. L'immigration d'agriculteurs en trois ou quatre ans dépasse le nombre de tous les ouvriers de toutes les industries protégées. Les agriculteurs vont donc,

s'ils emploient le moyen qu'on leur recommande, au lieu de gagner du terrain, se trouver en face d'une tâche qui s'allonge indéfiniment à mesure qu'on y travaille. S'il faut qu'un citoyen subvienne aux besoins d'un autre pour se délivrer de sa concurrence comme producteur, cela ressemblera beaucoup à la manière dont le contribuable entretient l'armée, les pensionnaires oisifs, les indigents, etc. Cependant, par hypothèse, un manufacturier protégé n'est pas simplement entretenu dans sa paresse, il exerce une industrie dont les pertes tombent à la charge de ceux qui ont, à prix d'argent, écarté sa concurrence dans leur partie. D'autre part, quand les agriculteurs vont offrir leurs produits, ils rencontrent la libre concurrence de beaucoup d'autres sources de productions. Si donc ils avaient pu procurer quelque avantage à l'industrie agricole en écartant à prix d'argent la concurrence des artisans, il leur faudrait partager avec leurs concurrents du monde entier les bénéfices qu'ils ont réalisés en faisant à eux seuls toute la dépense.

122. Le mouvement des hommes et le mouvement des marchandises sur la terre sont des opérations complémentaires. Des passeports arrêtant les hommes, des droits arrêtant les marchandises seraient légitimes au même titre. Une fois établi en fait, que certaines parties de la terre ont des avantages à un point de vue, et d'autres à un autre point de vue, les hommes profitent de ces avantages de chaque région soit en s'y transportant aux-mêmes, soit en échangeant ce qu'ils produisent chez eux avec ce que d'autres produisent en d'autres pays. Les trains de voyageurs et les trains de marchandises sont en dernière analyse déterminés par le même fait économique. Nos marchandises d'exploitation sont toutes volumineuses et demandent un tonnage plus considérable que nos importations. La conséquence en est que quand, nous nous dirigeons vers l'Ouest, on dresse des lits et on transporte des voyageurs dans les mêmes wagons qui ont amené du coton, du blé, etc. Le tarif, en diminuant

l'importation des marchandises, laisse dans les bâtiments un espace libre que les armateurs s'empressent de remplir d'immigrants. Pour cela, ils abaissent les passages. C'est ainsi que le tarif est une prime à l'immigration. Et les protectionnistes mettent à l'actif du tarif qu'il favorise l'immigration. Mais les neuf dixièmes des immigrants sont des ouvriers, des domestiques et des agriculteurs (1). Très probablement, dans le chiffre total, y compris les femmes, plus du tiers s'engagent dans l'agriculture. Mais, nous l'avons vu, le tarif diminue également les profits de l'agriculture ; cela décourage l'immigration et le mouvement vers la terre. Donc, si

(1) *Immigrations en* 1884.

	Hommes.	Femmes.	Total.
	—	—	—
Professions libérales..	2.184	100	2.284
— techniques.	50.905	4.156	55.061
— non constatées.....	19.778	11.887	31.665
Pas de professions...	75.483	169.904	245.387
Professions diverses..	160.159	24.036	184.195
Total........	308.509	210.083	518.592

Dans les professions diverses, il y avait 106.478 ouvriers d'industrie et 42.050 ouvriers agricoles.

l'agriculteur croit ce que lui dit le protectionniste, il doit l'entendre en ce sens que les impôts qu'il paye lui amènent plus de monde et élèvent la valeur de la terre ainsi colonisée; mais en même temps, qu'ils lui amènent plus de concurrents, et qu'il lui va falloir en écarter la concurrence à prix d'argent, c'est-à-dire en diminuant d'autant les bénéfices de sa propre industrie.

D'autre part, quand les immigrants sont des artisans, la prime à immigration est un impôt qui se paye pour augmenter l'offre du travail, c'est-à-dire pour abaisser les salaires, bien que les protectionnistes prétendent qu'il les élève. Nous voyons donc que dans notre société moderne si compliquée, un impôt n'est pas un moyen ou une méthode simple et facile à employer pour un but déterminé; son action et sa réaction sur les transports, sur la terre, sur les salaires, etc., produisent des effets incertains, contradictoires et confus, qui ne peuvent être ni annoncés ni analysés à fond; les protectionnistes invoquent en faveur de leur système trois ou quatre arguments ; ce sont autant de traits caractéristiques qu'ils en font ressortir. Qu'on les analyse avec soin, qu'on les oppose l'un à l'autre, on s'aperçoit qu'ils se contredisent mutuellement ; et quand ils se soutiennent et se cumulent, c'est seulement dans le mal qu'ils font (V. §§ 29, 101).

I. *Que, sans la protection, nos industries périraient.*

123. Ceux qui disent cela ne pensent, en fait d'industries, qu'à nos établissements manufacturiers. Ils parlent aussi de « nos » industries. Ils veulent dire, par là, celles que nous soutenons par les impôts que nous payons, non pas celles qui nous donnent des bénéfices. On n'abandonnera jamais une industrie que pour en prendre une meilleure ; et si, avec le libre-échange, certaines de nos industries devaient périr, cela viendrait uniquement de ce que la suppression des restrictions commerciales aurait permis à d'autres industries d'offrir tant d'avantages que le

travail et le capital se seraient adressés à elles.

Il est très clair qu'un homme qui ne voit, pour gagner sa vie, aucun métier préférable à celui qu'il exerce, devra s'en tenir à celui-ci, ou s'en aller ailleurs. Dès lors, supposer que la population des Etats-Unis pourrait être, avec le libre échange, forcée d'émigrer, c'est nécessairement supposer que notre pays ne peut pas suffire aux besoins de sa population, et que nous avons fait une bévue en venant ici. Cet argument a une force particulière si les articles de notre production sont le charbon, le fer, la laine, le cuivre, le bois, ou tout autre produit naturel du sol. Car si l'on prétend que nous ne pouvons pas, avec ces produits, soutenir la concurrence d'une partie quelconque du monde, tout ce que cela prouve, c'est que nous sommes venus les chercher dans la mauvaise place. Si cependant le sol peut, grâce à une combinaison qui fait prospérer certaines industries, subvenir aux besoins de la population et en outre à ceux des industries qui végètent, alors il est évident que les premières font en réalité vivre toute la population, partie directement, partie indirectement, par une organisation compliquée et ruineuse. Ces mêmes industries, fortes et prospères, pourraient donc mieux encore nourrir la population entière si elles avaient directement charge de la nourrir.

124. On m'a demandé si dans ce pays nous aurions pu sans la protection avoir des aciéries. Je réponds que je n'en sais rien, et que personne n'en sait davantage; mais il est certain que, sans la protection, nous aurions eu infiniment plus d'acier.

125. « Mais, dit-on, il nous faudra tout importer. » Est-ce qu'il nous faudrait tout importer et ne rien donner en échange? Alors les étrangers nous feraient des présents et nous entretiendraient. Nous faudrait-il donner en retour une valeur égale? Alors, il y aurait dans le pays avec cette manière de se procurer les choses tout autant « d'industrie, » et beaucoup moins de « travail » que si nous

les fabriquions nous-mêmes. Et le jour où cela cesserait d'être vrai, nous devrions fabriquer nous-mêmes et ne plus acheter.

Supposons qu'un district, A, ait deux millions d'habitants, dont un million produit un million de boisseaux de blé, et dont l'autre million produit un million de quintaux de fer ; supposons aussi qu'un boisseau de blé s'échange contre un quintal de fer. Survient un perfectionnement dans les transports et un développement des relations. Un nouveau pays à blé, B, est ouvert, et ses habitants apportent du blé au premier district. Ils offriront pour un quintal de fer deux boisseaux, car évidemment il leur faut offrir plus d'un boisseau pour un quintal, ou ils auraient bien tort de venir. D'autre part, les habitants de A, en consacrant tout leur travail et leur capital à la production du fer, produisent deux millions de quintaux. Ils gardent un million de quintaux, et donnent l'autre million en échange de deux millions de boisseaux de blé. La cessation de leur industrie du blé est le signe d'un changement dans l'industrie (unifiée et non diversifiée), grâce auquel ils ont gagné un million de boisseaux de blé. Tel est le bénéfice de tout commerce. Si le bénéfice n'existait pas, le commerce ne serait pas une des caractéristiques de la civilisation.

J. *Qu'il serait sage de créer, même à perte d'argent, des industries différentes, si nous pouvions ainsi offrir du travail à tous les genres d'artisans, etc. qui pourraient venir dans notre pays.*

126. Cela reviendrait tout uniment à entretenir des ateliers aux frais du contribuable, et prêterait à toutes les objections qu'on élève victorieusement contre les ateliers nationaux. La dépense serait prodigieuse, et le revenu mediocre ou même nul. Cet argument dénote, moins encore que tous ceux qu'on n'a jamais invoqués, le sens du rapport entre les frais et les bénéfices.

K. *Qu'il faut que, comme nation, nous*

soyons complets par nous-mêmes, que nous suffisions à tous nos besoins et nous rendions indépendants de tous ; état de choses qu'amènera la protection.

127. Je me contente de renvoyer à ce que j'ai déjà dit de la Chine et du Japon (§ 69), comme spécimen de ce que ce plan produit. Si un certain nombre de familles de notre pays échouait après naufrage, dans une île, la plus grande calamité pour elles serait de ne pouvoir faire le commerce avec le reste du monde. Ils pourraient y vivre indépendants, dans la richesse de leur approvisionnement atteignant l'idéal de bonheur qu'assigne cette proposition. En regardant autour d'eux, ils verraient un excès de choses qu'ils savent, que leurs amis du pays seraient heureux d'avoir, et ils songeraient aux anciennes commodités dont ils jouissaient là-bas, et que leur île ne peut leur donner. Ils pourraient y vivre heureux et y fixer leur domicile, s'ils pouvaient échanger les unes pour les autres. Qu'un navire maintenant s'aventure par là, les

découvre, et établisse des communications et des relations de commerce entre eux et leur ancienne patrie, un philosophe protectionniste leur dirait : « Vous allez commettre une grande faute. Vous devriez tout faire par vous-mêmes. Ce qui serait sage à vous, ce serait de vous isoler de nouveau par des impôts aussitôt que possible. »

Nous avons envoyé aux Japonais quelques-uns de ces sages, pour leur ouvrir les voies de la civilisation. Ces sages leur enseignèrent, comme chose indéniable, que le premier pas vers la civilisation était d'adopter un tarif protecteur. Ils nous fermèrent ainsi par des impôts les mêmes ports qu'ils avaient su auparavant nous faire ouvrir.

L. *Que les droits protecteurs sont indispensables pour empêcher le monopole étranger de dominer notre marché.*

128. On dit que les manufacturiers anglais se sont un jour entendus pour baisser leur prix afin de tuer les manufactures américaines ; et qu'après cela, ils ont

haussé leurs prix à des taux de monopole. Mettons qu'ils l'aient fait. Pourquoi alors leurs autres clients n'ont-ils pas, dans le premier cas, envoyé acheter leurs marchandises aux Etats-Unis, et pourquoi, dans le second cas, les Américains ne sont-ils pas allés acheter les marchandises des autres clients de l'Angleterre? Si, dans le premier cas, les Anglais ont abaissé leurs prix pour toute leur clientèle, comment n'ont-ils pas subi une grosse perte? et si, dans le second, ils les ont élevés pour toute leur clientèle, comment n'ont-ils pas abandonné le marché entier à leurs concurrents? On dit les Anglais prodigieusement sagaces, mais on leur attribue ici la plus stupide des folies et la plus incroyable.

129. Le système protecteur fait de nous irrévocablement les victimes d'un monopole intérieur, par crainte du danger irréalisable que nous ne soyons la proie d'un monopole étranger. Avant la guerre, nous ne faisions pas de fil de première qualité. Nous l'achetions (au détail) quatre sous la bobine au monopole anglais.

Le tarif nous a sauvés de cette situation en nous livrant au monopole intérieur, qui nous demande cinq sous de la bobine. En même temps, le monopole étranger abaissait le fil à trois sous la bobine (au détail) pour les Canadiens qui étaient à sa merci. Crainte que nous dussions acheter le nickel au monopole étranger, le congrès nous força de l'acheter aux propriétaires des Etats-Unis, et augmenta de trente sous par livre le prix, quel qu'il fût, que l'étranger en pouvait demander.

M. *Que le libre échange est bon en théorie, mais impossible en pratique; qu'il serait une bonne chose si toutes les nations l'adoptaient.*

130. Qu'une chose puisse être vraie en théorie et fausse dans la pratique c'est la plus profonde absurdité que la langue humaine puisse exprimer. Car si une chose est vraie en pratique (le protectionnisme par exemple), le principe théorique de sa vérité peut être établi, et ce principe théorique sera vrai. Mais cela, il fallait l'écar-

ter, car il était admis que le libre échange est vrai en théorie. Ainsi deux choses, qui sont contradictoires, pourraient être vraies en même temps et du même objet. La vérité c'est que le *protectionnisme est totalement impraticable.* Il ne fonctionnne pas comme on espère qu'il fonctionnera ; il ne donne aucun des résultats qu'on nous en promettait ; il n'est jamais établi d'une façon convenable et définitive au gré de ses propres partisans. Ils ne peuvent le laisser marcher tout seul. Ils veulent toujours « redresser certaines inégalités » ou le corriger d'une façon ou d'autre. Ce sont eux qui ont fait nommer la Commission du Tarif de 1882. Leur système est impuissant à offrir à l'industrie une assiette normale et régulière. L'un d'eux disait que le tarif serait parfait si l'on pouvait seulement le rendre stable ; un autre, qu'il faudrait le reviser tous les deux ans. L'un disait qu'il devrait comprendre tous les articles, sans exception. Un autre, qu'il serait bon « s'il ne portait que sur les articles convenables ».

131. Si toutes les nations pratiquaient

le libre échange, aucune n'en retirerait de bénéfice particulier; de même que si tous les hommes étaient honorables, l'honorabilité n'aurait aucune valeur commerciale. On dit parfois qu'un homme ne peut consentir à être honnête que si tout le monde est honnête. La vérité est, au contraire, que s'il y avait un seul homme honnête dans toute une société de fripons, son caractère et sa réputation atteindraient leur valeur maximum. C'est pour la même raison que la nation qui pratique le libre échange seule entre toutes les autres, est celle qui gagne le plus en comparaison avec elles. Elle s'enrichit tandis que les autres s'appauvrissent. Si toutes pratiquaient le libre échange, toutes seraient prospères, mais aucune n'en tirerait avantage plus que les autres. Si cette affirmation n'était pas vraie, si l'homme qui le premier voit la vérité et le premier agit avec sagesse, n'obtenait pas en retour une récompense spéciale, la morale entière de l'univers devrait être changée; car aucune réforme, aucun progrès ne pourraient se faire avant qu'on eût obtenu l'unanimité des consentements. Si un homme ou une nation est sage, ils obtiennent le prix de cette sagesse. Ce prix n'est pas aussi haut qu'il le serait si tous étaient sages, mais il est encore supérieur à tout ce qu'obtiennent ceux qui persévèrent dans l'erreur.

N. *Que le commerce, c'est la guerre; qu'en conséquence, les méthodes du libre échange y sont inapplicables, tandis que les droits protecteurs lui conviennent parfaitement.*

132. Par là, on veut évidemment dire que le commerce implique une lutte ou une rivalité entre concurrents. On pourrait alors dire avec autant de justesse que le barreau, c'est la guerre, à raison de ses affaires contentieuses ; ou que la carrière médicale, c'est la guerre, parce que les docteurs sont des rivaux jaloux les uns des autres.

Cependant il est indéniable que les protectionnistes semblent toujours considérer le commerce comme une guerre mercantile. On raconte que l'un d'eux disait dans un discours, pendant la dernière campagne, que les nations ne se feraient plus la guerre à coups de canon, mais à coups de tarif. Les nations vont se boycotter l'une l'autre. C'est cette doctrine qui, pendant la guerre civile, a jeté nos sudistes dans la croyance que « le coton est roi »; et l'on aurait pu croire cependant que l'expérience qu'ils en ont faite, aurait suffi à bannir à jamais cet échantillon antique d'imbécillité qu'on appelle la guerre commerciale. Si le commerce, c'est la guerre, tout ce que le tarif peut produire, c'est de faire combattre A au lieu et place de B, bien que A, de son côté, ait à soutenir sa lutte personnelle.

O. *Que la protection crée un emploi au travail et au capital qui, sans elle, resteraient inoccupés.*

133. Des capitaux, du travail sans emploi sont un symptôme de malaise industriel. Cela est particulièrement vrai aux États-Unis. Si un ouvrier est sans ouvrage

il est en danger de mourir de faim. Si le capital est sans emploi, il ne rapporte rien au propriétaire, qui en a besoin pour vivre, et éprouve ainsi un préjudice. Donc, si le travail ou le capital est inoccupé c'est qu'auparavant quelque folie ou quelque erreur a dû produire un arrêté dans l'organisation industrielle. Le premier soin doit donc être, non pas de créer de nouveaux impôts, mais de découvrir cette erreur et de la corriger. Mais quand les choses sont dans un état normal et satisfaisant, le travail et le capital du pays sont occupés autant que le comporte l'organisation existante. Nous ne cessons de chercher les perfectionnements à nos systèmes d'échange et de crédit pour arriver à garder tous nos capitaux constamment employés. Ces perfectionnements ont une importance et un mérite particuliers; mais ils demandent plus de réflexion et d'ingéniosité encore que l'invention d'une machine. On ne peut donc espérer que le Congrès les accomplisse en jetant une volée de droits sur certains articles, et en laissant ces droits découvrir eux-mêmes les points convenables où ils devront s'appliquer et exercer leur propre influence. C'est une besogne qui exige le travail opiniâtre et intelligent des hommes. Croire qu'une autre force pourra les remplacer, c'est de la superstition.

P. *Qu'une nation jeune a besoin de la protection, et qu'avec le libre échange elle se trouverait dans une position désavantageuse vis-à-vis d'une vieille nation.*

134. Plus une nation est jeune, plus le commerce est pour elle chose importante. (cf. § 127 sq). Plus une nation est jeune, plus elle gagne à faire le commerce, car elle peut offrir les denrées de consommation et les matières brutes qui sont pour les vieilles nations des objets de première nécessité. Les denrées que l'Angleterre nous achète lui sont bien autrement essentielles que ce qu'elle achète à la France ou à l'Allemagne. La partie qui, dans un échange, peut poser les condi-

tions, n'est pas la partie la plus riche ou la plus vieille; c'est celle qui est favorisée par le jeu de l'offre et de la demande; c'est celle qui offre en échange la chose la plus rare et la plus recherchée (1). Une pauvre femme qui va chez Stewart pour y acheter un mètre de calicot ne doit pas payer plus cher parce que Stewart est riche. Elle paye plutôt moins cher, car il aura su user de son capital pour la servir mieux et à meilleur compte que tout autre n'aurait pu le faire. L'Angleterre nous prend 60 p. 100 de nos exportations. Nous vendons d'abord du blé et des comestibles, base de l'alimentation; deuxièmement du coton, la matière première la plus importante qu'emploie l'homme aujourd'hui; troisièmement du tabac, le luxe le plus universel, celui qui est le plus activement demandé; quatrièmement du pétrole, la matière éclairante de l'usage le plus commun. Ce sont là des choses précieuses, ex-

(1) Voyez une erreur sur ce point : Cunningham, *Développement de l'industrie anglaise*, 410, note.

trêmement recherchées. Nous avons donc une forte position sur le marché. La protection ne fait que nous enlever une partie de nos avantages (§ 116).

Q. *Que la protection nous est nécessaire pour être toujours prêts pour la guerre.*

135. Nous n'avons ni armée, ni flotte, ni fortifications qui vaillent qu'on en parle. Nous gaspillons, grâce aux droits protecteurs, plus qu'il ne faudrait pour construire une flotte de premier rang et fortifier toute notre côte. On dit qu'à certains égards, les droits nous tiennent prêts pour la guerre, et cependant en fait nous ne le sommes pas. Il est évident que cet argument est un pur prétexte, inventé pour tâcher de dissimuler les motifs réels de la protection. Si nous préférons continuer à n'avoir ni armée, ni flotte, ni fortifications, alors le moyen d'être prêts pour la guerre le mieux en harmonie avec cette politique, c'est de devenir aussi riches qu'il nous sera possible. Avec cela, nous aurons la facilité d'acheter dans le monde

entier tout ce qu'ont les autres et que nous jugeons nous être utile. La protection, qui diminue notre richesse, n'est donc rien qu'une diminution de notre puissance appliquée à la guerre.

R. *Que le protectionnisme produit certains grands avantages moraux.*

136. C'est déjà une manœuvre de nature à éveiller nos soupçons que celle d'un homme qui, commençant à discuter une question économique, se hâte de quitter ce terrain pour le terrain moral. Non pas que l'économie politique et la morale n'aient rien à faire ensemble. Tout au contraire, elles se rencontrent sur une limite commune et, quand toutes deux sont de nature saine, on voit des voies droites et larges pénétrer de l'une chez l'autre.

Le capital est la première chose nécessaire au travail de l'homme pour acquérir les biens de toute espèce, et l'augmentation de son capital correspond à un accroissement des chances qu'il peut avoir de conquérir le bien intellectuel, moral et spirituel. La question morale est celle-ci : quel usage fera-t-on de ces chances? Et alors si l'analyse économique démontre que les droits protecteurs diminuent le capital, on pourra conclure qu'ils diminuent les chances normales de l'homme d'arriver à tous ces biens d'essence supérieure.

137. On dit que la misère discipline l'homme et lui est bonne ; en conséquence, les libres échangistes, qui prêchent aux gens de faire ce qu'il y a de plus facile, seraient des corrupteurs, et le protectionnisme, qui « créé du travail », nous ramène à une discipline salutaire. C'est du moins l'effet qu'il peut produire sur ceux qui payent les impôts. Mais la contre-opération, sur ceux qui bénéficient du système, je ne l'ai jamais vu analyser. Bastiat disait que l'idéal où tend le protectionniste c'est Sisyphe, condamné aux enfers à rouler un rocher jusqu'au faîte d'une montagne. A peine au sommet, son rocher roulait jusqu'en bas, alors il le soulevait de nouveau, et ainsi de suite.

pour l'éternité. Il y avait là un effort sans fin, dont le résultat était zéro : c'est le type suprême où aboutirait le système protectionniste. A qui le plaignait, Sisyphe répondait : Insensé, n'ai-je pas l'espoir toujours renaissant? Sisyphe a pu tirer de sa situation quelque consolation morale, je n'y contredis pas; mais je doute fort que l'agriculteur de la Nouvelle-Angleterre, broyé entre ces deux meules : la libre concurrence que fait à ses produits la vallée du Missisipi et les droits protecteurs sur tout ce qu'il consomme, je doute que ce fermier retire quelque consolation morale de sa position fâcheuse. Il y a nombre de gens qui sont évidemment tout disposés à infliger au citoyen américain quelque salutaire correction pour son bien — et leur avantage.

138. La doctrine protectionniste se formule ainsi : *Si on me prend ce que je gagne pour le donner à mon voisin, qui le dépensera à son profit, il y a là pour la société un bénéfice moral considérable, qui ne se retrouve plus si je garde ce que j'ai*

gagné pour le dépenser au mieux. Tous les résultats de l'expérience sont contraires à cette doctrine. L'homme qui garde ce qu'il gagne est frugal, tempéré, prudent et honnête. S'il vit des gains d'autrui, il est extravagant, prodigue, luxurieux, paresseux et envieux. Et ces effets, dans chaque cas, se répercutent identiques sur la société.

139. En réalité, le protectionnisme pervertit le moral et l'éducation d'un peuple (§§ 89, 153, 155). Il lui enlève la confiance en soi et l'énergie individuelle, et l'habitue à rechercher des avantages par la ruse et l'injustice. Il rend inutile l'habileté des grands commerçants et des chefs d'industrie, et développe l'esprit d'intrigue chez les habitués des couloirs parlementaires. Il inspire la foi dans le monopole, dans les combinaisons financières, la spéculation et les réglementations restrictives, au lieu d'inspirer la foi dans l'énergie, la liberté d'entreprise, l'intégrité publique et l'indépendance. Nous en trouvons tous les jours des

exemples. On a résisté à l'introduction des machines destinées à prévenir les inconvénients de la fumée, et la cause en était qu'elles seraient un facteur nouveau dans la concurrence que se font l'anthracite et le charbon bitumineux. Il y a des gens qui ont résisté à l'exécution des ordonnances contre les maisons de jeu, parce que ces maisons « font marcher le commerce » de leurs voisins. Le monde du théâtre a tenté récemment de faire adopter des règlements contre les Skating-rings sur le seul terrain de la morale. Les industries du pays s'acheminent toutes vers la forme de syndicats (1). Nous développons notre savoir, non pas dans le grand art de la production, mais dans la tactique de la direction d'un syndicat, et nous, qui soutenons toutes les causes et tous les grands principes de ce système

(1) Voir un choix intéressant d'exemples dans un article intitulé les *Lords de l'industrie* (*North American Review*, juin 1884). Les critiques futiles de la fin de cet article n'enlèvent nulle valeur aux faits constatés.

commercial, nous dénonçons le « monopole » et les « corporations ».

S. *Que « la protection accordée à une industrie peut faire gagner davantage à ceux qu'elle emploie que ne leur fera perdre la nécessité de payer cher ce qu'ils consomment. Un système qui élève les prix à l'envi — comme le système actuellement en vigueur aux États-Unis — est dur sans doute aux consommateurs, mais il est surtout désavantageux pour celui qui consomme sans rien produire, et il ne cause que peu de préjudice, s'il en cause, à celui qui produit plus qu'il ne consomme ».*

140. Ce passage est une contribution à l'étude de notre sujet qui nous vient d'Angleterre; un écrivain d'économie politique l'a laissé tomber en passant (1). C'est un fait, qui vaut qu'on le remarque, que les économistes de l'école historique, et d'autres encore qui raillent l'économie

(1) Cunningham, *Développement de l'industrie et du commerce anglais*, 316, note 2 (V. aussi, § 114, 134).

politique en tant que science, ne renoncent pas à s'en occuper, mais sont tous acharnés à faire de très mauvaise économie politique, dans le genre « abstrait » ou dans le genre « déductif ». Le passage cité renferme trois ou quatre erreurs déjà relevées, et un postulat de la vérité du protectionnisme en tant que philosophie. Comme nous l'avons surabondamment établi, les ouvriers ne gagnent rien à la protection de leurs produits (§ 48). Aussi « un système qui élève universellement les prix » doit ou diminuer la demande et le besoin d'argent, c'est-à-dire restreindre les efforts et l'offre de marchandises (§ 112), ou augmenter le stock monétaire. Dans le premier cas, il ne peut que nuire aux « ouvriers » ; dans le second, nous pourrions être exposés aux déceptions d'une circulation fiduciaire.

Mais, négligeant cela, quels sont ceux qui consomment plus qu'ils ne produisent? Il n'y a, j'imagine, que : 1° les princes, les pensionnés, les titulaires de sinécures, les favoris de la protection douanière et les indigents, qui vivent des produits de l'impôt; et 2° les escrocs, les hommes de confiance et autres, qui vivent par leur industrie sur la fortune d'autrui. Ceux de la première catégorie, s'ils reçoivent des allocations ou des subsides fixes en argent, trouvent extrêmement préjudiciable une hausse de prix. Et c'est de la même façon que sont atteints les industriels protégés, évidemment en tant que consommateurs des produits d'autrui, quand ils dépensent ce que leur a valu la protection.

Quels sont ceux qui produisent plus qu'ils ne consomment? Je ne vois que: 1° les contribuables, et 2° les victimes des fraudes et des erreurs économiques qui donnent à une personne la disposition de ce que gagne une autre. La hausse des prix est précisément aussi avantageuse à cette classe qu'elle était préjudiciable à la première, et dans la même hypothèse, c'est-à-dire celle où ils payent aux parasites une somme fixe d'impôts, et où ils peuvent vendre leurs produits pour une somme désormais supérieure. Évidemment notre auteur n'a pas bien compris en quoi consistaient ces deux classes, et il a mis dans une classe qui ne leur convient pas les « ouvriers » protégés. Si quelqu'un produisait dans l'industrie plus qu'il ne consomme, il n'aurait qu'à l'abandonner ou elle périrait entre ses mains. S'il consommait plus qu'il ne produit, il s'endetterait et ferait banqueroute (1). La protection n'a rien à voir là-dedans.

T. *Que « dans certain cas, un droit peut à la fois protéger convenablement l'industrie naissante, et indemniser le pays des frais de cette protection ».*

141. Cette doctrine est due au professeur Sidgwick (2). Elle a fait un vif plaisir à nos protectionnistes, parce qu'elle vient d'un Anglais et d'un professeur de Cambridge. Elle se produit sous le couvert de

(1) Mill, I, 5, Cairnes, *Leading principles*, ch. I, § 5.
(2) *Political Economy*, 491-2.

l'« art » de l'économie politique. Elle est en soi une chose nouvelle : un « art » basé sur un *a priori*. Le « dans certain cas » qu'elle renferme leur enlève le caractère d'une doctrine ou d'un dogme comme nous en fournissent nos protectionnistes moins cultivés : « les droits protecteurs sont payés par l'étranger », par exemple ; mais elle n'est pas une proposition scientifique. Elle a l'air d'un expédient excessivement ingénieux (v. § 3) ; par là même, elle est très séduisante pour beaucoup de gens, et il est très difficile de la disséquer et de l'analyser d'une manière simple et populaire. Elle a donc donné beaucoup de peine et fait beaucoup de mal. Cela n'empêche pas qu'elle soit une erreur absolue. Il est impossible, de quelque façon et à quelque dose qu'on les emploie, de se servir des droits pour forcer l'étranger à nous indemniser de la protection.

142. Le professeur Sidgwick expose un cas hypothétique, et il le met ensuite en avant comme un exemple que ce cas peut

se produire. « Supposons, dit-il, qu'un droit de 5 p. 100 soit imposé sur les soies étrangères, et qu'en conséquence, après un certain intervalle, la moitié des soies consommées dans le pays soit le produit de l'industrie indigène et que le prix du tout se soit élevé de 2 1/2 p. 100. Il est évident que dans ces circonstances, l'autre moitié qui vient de l'étranger paye à l'État 5 p. 100, tandis que le droit payé par les consommateurs de la totalité n'est que de 2 1/2 p. 100. Dans ces conditions, la nation, prise en masse, ne perd rien, à ce moment, par l'effet de la protection, sauf les frais de perception du droit, tandis qu'une perte, équivalente à la totalité de l'impôt, est subie par le protecteur étranger.

143. Il faut d'abord compléter l'hypothèse que prévoit ce cas. Supposons que la consommation de la soie, au moment où elle s'alimentait pour le tout par l'importation, était de 100 mètres, et que le prix était de 5 francs par mètre. Concédons encore les points suivants, bien

qu'ils ne soient point établis dans le cas qu'on nous soumet : 1° l'État a besoin de revenu; 2° il a résolu de le demander aux *consommateurs de soie*; 3° la hausse des prix ne diminue pas la consommation ; 4° l'impôt détermine une réduction du prix de la soie sur tout le marché extérieur; 5° cette « soie » est de même qualité avant et après l'impôt. De ces postulats, les numéros 3, 4 et 5 sont absolument inadmissibles ; mais faisons la concession de les admettre, et cherchons, de ces cas ainsi formulés, à dégager une doctrine, voici ce que nous trouvons : Si on multiplie par l'impôt la quantité de soie importée, et par l'élévation du prix la consommation totale, et qu'on ait deux produits égaux, alors les consommateurs peuvent payer cette élévation avec la protection, puisque ces deux quantités sont égales entre elles; et la protection, qui est payée à l'État par l'étranger, représente ce que les consommateurs auraient payé, même si elle n'eût pas existé.

144. Évidemment cette déduction est,

même dans l'hypothèse choisie, arithmétiquement inexacte. En premier lieu le gouvernement n'a pas eu ce revenu de 25 francs qu'il lui fallait, il n'a encaissé que 12 fr. 50 (25 centimes sur 50 mètres). En second lieu, l'étranger vend 5 fr. 12 cent. 1/2, (net 4, 87 1/2) la soie qu'il vendait d'ordinaire 5 francs. Il reprend donc aux consommateurs 12 cent. 1/2 par mètre sur 50 mètres, soit 6 fr. 75, sur 12,50 qu'il avait versés au gouvernement. En outre, pour pouvoir soutenir la concurrence, la soie indigène doit à tout égard être aussi bonne que la soie importée, laquelle était vendue autrefois 5 francs, et depuis les droits 5 fr. 12 cent. 1/2. C'est là un avantage pour le consommateur à qui la protection ne coûte en somme que 12 cent. 1/2 sur 50 mètres, soit 6 fr. 75. En dernière analyse, l'étranger verse donc 6 fr. 25 pour le revenu de l'État et les consommateurs payent 6,25 pour ce revenu, 6,25 pour la protection. Le résultat n'est donc pas tel qu'on l'avait annoncé, et cette combinaison si ingénieuse ne fonctionne pas encore comme on l'espérait.

Reste le gouvernement, à qui il faut encore 12 fr. 50 de revenu, car les résultats attendus de la taxe ont été altérés, par l'intervention de la protection. Comme il n'y a pas d'équivalent ou de compensation possible dans l'hypothèse telle qu'elle est posée, il est évident qu'un nouvel impôt, au lieu de donner à l'État un équivalent ou une compensation ou un déficit, n'aura d'autre effet que d'accroître encore le déficit.

145. Toutefois, il n'est pas possible d'admettre les postulats 3, 4 et 5, pas plus que de traiter n'importe quel problème économique par la méthode arithmétique. Le résultat auquel nous sommes arrivés est absolument faux, et ne sert qu'à déblayer le terrain pour une analyse correcte.

Quand un impôt est établi, il peut se faire que le producteur ait à en supporter sa part, s'il est dans le ressort de la législation fiscale, ou s'il a un monopole.

S'il n'a pas de monopole, s'il n'est pas dans le ressort de cette législation et qu'il travaille pour l'exportation, il peut ne pas abaisser son prix (ce qui serait une des manières de prendre sa part de l'impôt), mais ce qu'il fait, c'est de différencier, d'altérer ses produits. C'est là une pratique dans l'art de la production qui est établie par une longue expérience. Elle est l'explication des plaintes perpétuelles de « fraude » qu'on entend avec le régime protecteur, et des demandes constantes de sous-classifications dans les cédules du tarif. Comme l'article protégé n'est jamais, au moins au début, d'aussi bonne qualité que l'article importé qu'il vise à remplacer, l'étranger qui désire conserver le marché ainsi protégé, peut faire fabriquer pour ce marché une qualité inférieure spéciale. La « soie » après l'établissement de l'impôt n'est plus la même soie qu'avant l'impôt. Elle revient au producteur étranger à 4 fr. 87 1/2 net, et, à ce prix, lui donne des bénéfices. Lors donc qu'il la vend 5 fr. 12 1/2, il se fait rembourser par le consommateur la totalité de l'impôt qu'il a payé. La soie indiquée à 5 fr. 12 1/2 n'est pas supérieure à celle que, sans l'impôt, le consommateur eût pu avoir pour 4 fr. 88 1/2. Et ainsi le consommateur paye, du chef de la protection, un impôt égal à la totalité de ce que touche l'État. C'est ce que prouve, bien loin de prouver le contraire, comme on le croit généralement, la baisse des prix de 5 fr. 25 à 5 fr. 12 1/2 centimes.

146. Ainsi l'hypothèse ne se tient pas. Elle emprunte une plausibilité momentanée aux postulats erronés sur lesquels elle s'appuie. Le producteur étranger peut voir se restreindre ses débouchés et ses profits, mais il n'y a nul moyen, à moins qu'il n'ait un monopole, de le rendre tributaire soit du trésor, soit des intérêts protégés dans le pays qui a mis le droit protecteur (1). S'il était vrai en général, ou même dans des cas très limités,

(1) J'ai publié dans l'*Economist* de Londres, 1er décembre 1883, la critique de cette hypothèse,

qu'un pays pût, en établissant des droits protecteurs, faire payer ces droits par les étrangers, l'Angleterre, qui depuis quelque trente ans n'a pas de droits protecteurs et qui vit au milieu de pays qui en ont plus ou moins, l'Angleterre aurait dû depuis cette époque leur payer tribut, et aller sans cesse s'appauvrissant.

CHAPITRE V

SOMMAIRE ET CONCLUSION.

147. J'ai fini l'examen impartial du protectionnisme; je l'ai jugé d'abord sur ses propres principes, en les tenant pour vrais; je l'ai ensuite attaqué de face, en partant d'un principe opposé, et j'ai passé en revue la série des arguments les plus généralement invoqués en sa faveur. Si maintenant, éclairés de toute la clarté que nous avons faite, nous revenons sur nos pas pour apprécier la valeur de ces assertions familières aux protectionnistes, qu'avec un système de liberté nous ne saurions pas convenablement organiser notre industrie, que les droits protecteurs sont le système efficace qui dégagera une meilleure organisation, nous constatons alors que ces assertions sont absolument fausses et n'ont même pas un semblant de

titre à notre confiance. A chaque pas, les dogmes du protectionnisme, ses prétentions, son mécanisme ont laissé voir leur fausseté, leur absurdité et leur impraticabilité. Nous pouvons maintenant grouper quelques critiques d'ensemble sur le protectionnisme, telles que nos études nous les ont suggérées.

148. Nous avons accepté la définition que donnent d'un droit protecteur les protectionnistes eux-mêmes, et nous avons constaté que ce droit, loin d'accroître la richesse nationale, doit, à chaque pas et à chaque période de son fonctionnement, gaspiller le travail et le capital, diminuer l'efficacité de l'industrie nationale, affaiblir le commerce du pays, et, par suite, abaisser la moyenne du confort de la population tout entière. Nous avons constaté que les industries protégées ne sont pas, comme l'allèguent les protectionnistes, des producteurs mais des consommateurs. Si donc ces industries sont *les seules* qui nous fassent riches, il faut dire que la consommation

est de la production, et que la destruction est créatrice.

Le but d'un droit est « de détourner une partie du travail et du capital du pays hors des voies qu'il aurait suivies sans lui, dans des voies favorisées ou créées par la loi (§ 13) ». Nous avons vu que ces voies, dans lesquelles sont détournés le capital et le travail national, sont représentées par *les industries qui ne font pas leurs frais*. On constate ainsi que dans la thèse protectionniste, on peut créer la prospérité nationale en poussant de force le travail et le capital sur un emploi où le capital ne peut pas se reproduire et s'accroître aussi vite que dans d'autres. Dans ces conditions, le capital ainsi placé sera gaspillé, et la conclusion finale de nos recherches, dont il faudrait, avec le protectionnisme, faire la maxime fondamentale de l'art de la prospérité nationale, serait que le gaspillage crée la richesse. Telle est la conclusion du protectionnisme, quand on l'envisage comme une philosophie économique.

149. En ce qui touche les rapports sociaux et juridiques qu'il établit de citoyen à citoyen, il est prouvé, par une demi-douzaine d'analyses séparées, que le protectionnisme n'est qu'un simple expédient qui nous contraint à nous payer tribut réciproquement. Si la loi procure un sou à A, il faut qu'elle l'ait pris à B, sans quoi elle l'aurait tiré de rien, c'est-à-dire que ce serait de la magie. Chaque individu paye les droits protecteurs. Si donc quelqu'un en tire profit, il lui faut se rappeler ce qu'ils lui coûtent, et avoir bien soin de vérifier les deux parties du compte. Quant à ceux qui n'y gagnent rien, c'est qu'alors ils payent les droits, sans recevoir aucun équivalent.

150. Pendant la campagne pour le rappel des lois sur les céréales, en Angleterre, un écrivain de la *Westminster Review*, voulant expliquer ce qu'est le protectionnisme, contait l'histoire de deux singes en cage, dont chacun recevait pour son dîner un morceau de pain. Chacun d'eux laissait là son pain et sautait sur

celui du voisin. Le résultat était que bientôt le parquet de la cage était jonché de miettes, et qu'après cela les deux rivaux tâchaient d'en souper de leur mieux. C'est une bonne explication, passablement exacte.

Un journal protectionniste contait récemment un trait de mœurs des fellahs du Soudan. Tous possèdent des pigeons, et le soir, quand les pigeons rentrent au logis, chacun d'eux tâche d'attirer dans son colombier le plus qu'il peut des pigeons du voisin. « Tous font de même, et chacun y est pris à son tour. Ils le savent parfaitement, mais jamais fellah égyptien n'a su résister au plaisir de voler son voisin. » Si ces fellahs avaient mis un impôt dans tout le pays sur les pigeons les uns des autres, ils se seraient élevés tout de suite au niveau des libres et sages Américains. Le protectionniste assure que c'est pour le bien de la société et le mien propre qu'il me frappe d'un impôt; je lui réponds, dans sa propre langue : « Ce sont de belles théories » ;

mais que ce soit pour le bien de la société ou pour le mien qu'il prétende vouloir me traiter ainsi, je sais très bien que c'est pour le sien propre. Et quand je dis cela, il me traite de calomniateur.

151. *Si le protectionnisme est autre chose qu'un tribut réciproque, il tient de la magie.* Toute sa philosophie se ramène à des questions de ce genre : Quelle somme puis-je consacrer à payer un patron pour qu'il loue mes services ? Quelle somme puis-je consacrer à payer un commerçant pour qu'il fasse des affaires avec moi ? Quelle somme puis-je consacrer à payer un industriel pour qu'il cesse de faire concurrence à mes produits ? Quelle somme puis-je consacrer pour qu'on aille faire concurrence à ceux qui me fournissent ce que je consomme ? Il n'est rien qu'un moyen coûteux d'avoir des choses qu'on pourrait se procurer pour rien si elles en valaient la peine (§ 89). Il est incontestable qu'un homme ne peut pas se soulever lui-même par ses tirants de bottes : qu'un millier d'hommes se met-

tent en rang, et que chacun saisisse les tirants de bottes de son voisin, est-ce que le groupe entier va pouvoir se soulever, en tant que groupe? C'est à cela pourtant qu'aboutit le protectionnisme quand on met en lumière l'autre face de sa doctrine, le côté *dépenses* : tout ce qu'on reçoit d'un côté, on l'a donné de l'autre, sinon davantage. Il n'y a plus qu'à répartir les pertes entre la société ; elles sont le préjudice net, c'est là le mal que fait la protection. Ce mal n'a pas l'impôt pour mesure. Il a pour mesure l'affaiblissement total de l'industrie nationale. Autant dire qu'il est bon de mettre des pieux dans les rivières, et des arbres en travers des routes ou d'émousser les outils, que de prétendre qu'un impôt créé sans nécessité peut être une bonne chose.

Il s'est trouvé des gens pour soutenir que détruire les machines c'est faire œuvre profitable; et j'ai lu récemment dans un journal de Boston un article où l'on citait cette opinion d'un habitant du Connecticut, que les États-Unis ont besoin d'une autre guerre. Ces gens-là peuvent croire que les droits protecteurs sont une bonne chose; mais pour ceux qui savent la vérité, il est évident qu'une fois sortis tous ses effets, le système protecteur ne profite à personne. C'est un poids mort et une perte pour tout le monde; et ceux qui peuvent y gagner, seraient infiniment plus heureux dans une société où ce système n'existerait pas, mais où chacun gagnerait ce qu'il peut et conserverait ce qu'il gagne.

152. Il y a, dans notre pays, une école de science politique, dans les statuts de laquelle il est dit que les professeurs devront enseigner « comment, à l'aide d'une législation douanière convenable, une nation peut maintenir en pleine prospérité son industrie productive, abaisser le prix des denrées, et forcer l'étranger tout à la fois de lui vendre à bas prix et de contribuer largement à l'indemniser de ses dépenses de gouvernement (1) ». N'est-

(1) Cité par Taussig, *Histoire du tarif actuel*, 73.

ce pas là une belle chose ? ces professeurs seront tenus de nous fournir également une panacée, la pierre philosophale, la formule de la quadrature du cercle, et tous les autres desiderata du bonheur universel. Ce ne serait qu'un jeu pour eux. La seule crainte à avoir, c'est qu'il n'aient répandu dans les livres ce qu'ils auront enseigné, et que les autres nations, pour qui nous sommes « l'étranger » ne puissent l'apprendre. Alors tandis que les Anglais, les Français et les Allemands travailleront pour nous à vil prix et payeront nos impôts, nous serons forcés de travailler à vil prix pour eux et de payer leurs impôts, et toute l'ancienne sombre misère s'abattra de nouveau comme jadis sur le monde.

153. Il y a quelques années, on nous disait que la protection était nécessaire pour payer notre lourde dette. Bien. Nous l'avons payée, jusqu'à la réduire de 391,55 à 142,05 par tête. Nous, c'est-à-dire les habitants de ce pays, nous avons relevé notre crédit jusqu'à réduire l'intérêt an-

nuel de notre dette de 21,46 à 4,95 par tête. Aujourd'hui, il est nécessaire de maintenir la dette pour maintenir les droits, et le protectionnisme met toute sa force à nous laisser dans des dépenses ruineuses et mauvaises qui viennent à bout des ressources du trésor, crainte qu'un excédent ne fournisse un argument pour la réduction de nos impôts. Ceci est logique avec la doctrine que le gaspillage crée la richesse.

154. Les protectionnistes nous disent que la protection a amené la prospérité, et quand nous leur demandons compte des durs moments qui surgissent en dépit du tarif, ils nous disent que les durs moments sont dus aux libres échangistes qui ne veulent pas se tenir tranquilles. Donc la *prospérité créée par la protection est si précaire qu'on l'ébranle rien qu'à parler de libre échange*. Ils dénoncent le « laissez faire » ou le « *let alone* ». Mais toute la question est celle-ci : *quand* doit-on « laisser faire », *quand* doit-on rester tranquille? Ils ne laissent pas le tarif

tranquille, quand ils veulent le remanier à leur gré, ou qu'ils prétendent le rendre « équitable ». Dès qu'ils l'auront rendu équitable, ils le laisseront reposer; mais cela nous assure une agitation, dont certainement ils seront les auteurs, pour un avenir indéfini. D'autre part, les victimes du tarif ne veulent pas se tenir tranquilles. Le moment pour elles de se « tenir tranquilles » viendra avec le rappel du tarif. Pour que le tarif profite à quelqu'un, il faut qu'il lèse quelqu'un, et les victimes continueront à résister (1).

M. Lincoln aimait à raconter qu'un jour il entendait du bruit dans la chambre

(1) Nous rencontrons de ceci des exemples innombrables. Voici le plus récent : « Les tisseurs de Lyon demandent au Gouvernement de les secourir par une réduction de droits sur les filés de coton, ou par l'importation en franchise de tous les numéros à charge de réexportation après tissage. Avec les droits actuels, ils maintiennent, ce qui est vrai sans aucun doute, qu'ils ne peuvent pas lutter avec les tisseurs de Suisse et d'Allemagne. Mais les filateurs de coton de Rouen combattent cette demande des tisseurs de Lyon. Ils affirment qu'ils seront ruinés si ceux-ci peuvent tirer leurs matières de l'étranger. Les tisseurs de

voisine. Il regarda et vit Bob et Tad (2) qui se battaient. — Qu'est-ce qu'il y a, mes enfants? demanda-t-il. — C'est, répliqua Bob, Tad qui veut avoir mon couteau. — Oh! Bob, dit M. Lincoln, donne-le lui pour qu'il se tienne tranquille. — Non, dit Bob, c'est mon couteau, et j'en ai besoin, moi, pour me tenir tranquille. M. Lincoln disait cette anecdote pour prouver que la paix n'a d'autre base que la vérité et la justice. Eh bien, dans l'affaire qui nous occupe, celui à qui on prend ce qu'il a gagné en a besoin pour se tenir tranquille. Nos pères ont combattu pour la liberté du territoire, et si nous sommes leurs dignes fils, nous combattrons pour la liberté du commerce, ce complément nécessaire de la liberté du territoire. L'homme qui aujourd'hui va au Kansas et y cultive du blé, sur un « sol

Lyon affirment qu'ils sont ruinés, faute de le pouvoir (*Economist*, 1885, p. 85). Les cotonniers ont eu gain de cause à la Chambre des députés, 23 juillet 1885.

(1) Abréviation de Robert et Édouard.

libre », n'a qu'un moyen d'en tirer profit, c'est d'échanger ce blé pour un produit quelconque qu'il choisira, parmi ceux du monde entier, aux meilleures conditions que le commerce et l'industrie de notre temps pourront lui offrir.

155. L'histoire de la liberté civile est le récit des luttes contre les abus des impôts. Le protectionnisme est le grand abus moderne en matière d'impôts, l'abus en cette matière qui va avec la forme du gouvernement républicain.

Le *protectionnisme est en train de corrompre nos institutions politiques exactement comme le faisait l'esclavage*, c'est-à-dire qu'il fait alliance avec chaque abus qui surgit. Tout récemment il s'est allié avec la frappe de l'argent, et il est, en grande partie, responsable de ce désastre. La loi sur la frappe de l'argent serait rappelée depuis trois ans, si les intéressés dans les mines d'argent n'avaient averti les protectionnistes qu'ils considéraient cette loi comme leur donnant leur part légitime de protection, et qu'elle était le prix de leur coopération. La frappe d'argent est la cause principale des durs moments de ces deux ou trois dernières années.

Dans un État bien ordonné, la fonction du gouvernement est de réformer tout intérêt égoïste qui s'élève et prétend empiéter sur les droits des autres. L'État maintient aussi la justice. *Avec le protectionnisme, le gouvernement donne à certains intérêts licence de s'émanciper et d'empiéter sur les autres.* Il est une iniquité pour ses victimes, une illusion pour ses prétendus favorisés, et un gaspillage de la richesse publique. Il n'y a maintenant qu'une seule question à poser sur ce système, et cette question c'est : quel est le moyen le plus facile d'en finir avec lui ?

FIN.

TABLE DES MATIÈRES

FIN DE LA TABLE.

INDEX

(Les chiffres renvoient aux paragraphes).

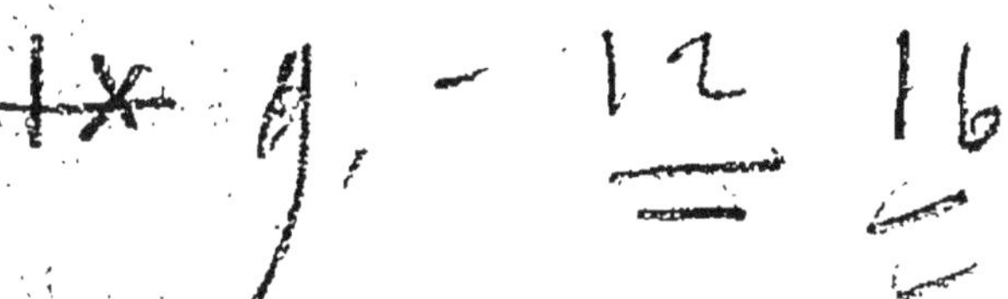

FIN DE L'INDEX.

5324-86. — CORBEIL. Imprimerie CRÉTÉ.

Rapport d'un [illegible] historiographe mais compétente [illegible] [illegible] 47

Journal de Genève. 1873 168

Mémoires et [illegible] 235

[illegible] 162

www.ingramcontent.com/pod-product-compliance
Ingram Content Group UK Ltd.
Pitfield, Milton Keynes, MK11 3LW, UK
UKHW012205240726
13966UKWH00002B/577